신앙 고민이 뭐니?

크리스천 고민 해소 프로젝트 4

신앙 고민이 뭐니?
20가지 신앙 난제 Q&A

Copyright ⓒ 도서출판 목양 2019

초판 1쇄 인쇄 2019년 3월 15일
초판 1쇄 발행 2019년 3월 20일

지은이 김영한, 나도움, 박훈, 조믿음 공저
펴낸이 정성준
펴낸곳 도서출판 목양

등록 2008년 3월 27일 제 2008호-04호
주소 경기도 용인시 처인구 양지면 양지리 38-2
전화 070-7561-5247 팩스 0505-009-9585
홈페이지 www.mokyangbook.com
이메일 mokyang-book@hanmail.net

ISBN 979-11-86018-72-9 (03230)

* 본 저작물은 신저작권법에 의하여 한국 내에서 보호받는 저작물이므로
  무단전재와 무단복제를 엄격히 금합니다.

* 책값은 뒤표지에 있습니다.
* 잘못된 책은 교환하여 드립니다.

크리스천 고민 해소 프로젝트 4

신앙 고민이 뭐니?

20가지 신앙 난제 Q&A

김영한, 나도움, 박훈, 조믿음 공저

| 차례 |

서문 • 6

1. 교회에서 왜 자꾸 헌금을 강요하나요? • 11
2. 동물에게 세례를 베풀어도 되지 않나요? • 19
3. 자살해도 천국 갈 수 있나요? • 27
4. 이단에 빠진 친구는 구원받을 수 없나요? • 39
5. 공부를 안 하거나, 일을 대충 하면 죄가 되나요? • 49
6. 혼자가 편한데, 왜 공동체 속에서 예배해야 하나요? • 57
7. 전도가 쉽지 않은데, 꼭 해야 하나요? • 65
8. 설교가 은혜가 안 되는 것 같은데, 무엇이 문제인가요? • 75
9. 부모님을 이해 할 수 없는데, 왜 이런 가정에서 살아야 하나요? • 87
10. 방언을 꼭 해야 하나요? • 99
11. 원본이 없는 성경을 어떻게 신뢰할 수 있나요? • 107
12. 종말이 온다는데, 어떻게 살아야 하나요? • 117

13. 천국과 지옥을 모두 보고 왔다는데, 정말인가요? • 127

14. 믿는 사람들은 왜 사고를 많이 치나요? • 141

15. 창조론이 정말 맞나요? • 153

16. 살인범을 왜 용서해주나요? • 173

17. 하나님께서 정해주신 운명의 짝을 기다려야 하나요? • 183

18. 사탄, 마귀, 귀신이 진짜 있나요? • 201

19. 죄를 많이 지으면 구원이 취소되나요? • 217

20. 왜 지키기 힘든 계명을 주셨나요? • 227

부록

주요 5개 이단 쪼개기 • 235

서문

책을 쓰는 일이 쉽지 않은 시대입니다. 그러나 다음 세대를 위한 집필은 아주 의미 있고 감사한 일입니다.

〈신앙 고민이 뭐니?〉 책을 쓰게 된 계기가 있습니다.

어릴 적부터 교회에 다녔지만, 궁금한 내용들을 교역자에게 묻지 못했습니다. 다른 사람들은 다 아는 듯한 것들을 질문한다는 자체가 믿음이 없는 것처럼 보였습니다.

예를 들어, 학교에서는 진화론이 맞다고 했지만, 교회에서는 창조론이 맞다고 했습니다. 한동안 혼란스러웠고 신앙까지 흔들렸습니다. 교회에 가서 목사님이나 전도사님에게 진화론에 대해 질문하고 싶었지만, 믿음 없다는 소리를 들을 것 같아 포기했습니다. 결국 아무에게도 묻지 못한 채 신학을 공부하며 스스로 답을 찾아야 했습니다.

가려운 부위가 있지만 손은 닿지 않고, 누구에게 긁어달라고 부탁하지 못하는 상황과 비슷했습니다. 이런 식으로 신앙생활을 하는 분들이 많을 겁니다. 그런 분들을 위해 몇 가지 질문과 고민을 책에 모아보았습니다.

"교회에서 왜 헌금을 강요하나요?", "자살해도 천국에 갈 수 있나요?" 목사님께 이런 질문을 하기 어렵죠? 당연합니다. 조금은 엉뚱하지만 "동물에게 세례를 베풀어도 되지 않나요?"처럼 평소에 생각해 봄직한 질문도 이 책에 넣었습니다. 천국과 지옥을 보고 왔다는 사람들과 사탄과 귀신을 경험했다고 하는 사람들의 이야기를 믿어야 할지도 다루고 있습니다.

놀라운 사실은 믿음의 선배님들도 이런 질문과 고민을 했었다는 것입니다. 그러나 답을 찾는 데는 오랜 시간이 걸렸고, 때로는 믿음이 약해지기도 했습니다. 심한 경우 시험에 들어 교회를 떠나는 분들도 있었습니다. 그러나 우린 질문과 고민을 피할 수 없습니다. 또한 좋은 질문과 고민이 신앙 성장의 주춧돌과 디딤돌이 됩니다.

이 책에선 여러 가지 흥미로운 질문과 고민에 대해 나누고 가이드를 드리고자 노력하였습니다. 특히, 이단에 대해서도 일목요연하게 정리하였습니다.

함께한 네 분의 공저자들은 각 분야와 다음 세대 사역에 있어 탁월함이 있습니다. 다음 세대 부흥과 연합사역에 헌신하는 김영한 목사님, 다음 세대를 위해서라면 시간과 거리를 따지지 않고 가는 나도움 목사님, 다음 세대 한 영혼을 사랑하고 집중하는 박훈 목사님, 다음 세대를 이단과 거짓된 세계관에서 구출하려고 모든 수고를 감내하는 조민음 목사님이 젊은이, 섬김이, 리더, 다음 세대 교역자의 "신앙 고민"에 대한 명쾌한 답을 해드리려 애썼습니다.

이 책을 통해 영적으로 가려웠던 곳이 시원해지시고, 막힌 곳은 뻥 뚫리시길 바랍니다.

2019년 1월 24일

김영한, 나도움, 박훈, 조민음

크리스천 고민 해소 프로젝트 4

신앙 고민이 뭐니?

20가지 신앙 난제 Q&A

1
교회에서 왜 자꾸 헌금을 강요하나요?

다양한 이단의 등장

　재산 약탈은 사교집단의 가장 큰 특징이에요. 중국에서 들어온 전능신교 이른바 동방번개라는 사교집단이 있어요. 양항빈이라는 교주에게 예수의 혼이 강림하였다고 주장하며 성경을 왜곡해요. 그 교세가 빠르게 확장되고 있어요. 결국 중국 공안은 이들을 악질 사교로 규정하고 체포에 나서게 되었어요. 그러자 해외 망명을 시도한 교주는 뉴욕으로 도피한 상태예요.
　동방번개는 여러 가지 물질적 공세로 선량한 사람을 현혹시키는 포교전략을 사용해요. 다음 단계로 세뇌교육을 통해 자신들이 원하는 바를 노려요. 모든 물질은 하나님께 드린다는 명목하에 교주가 착복해요. 왜곡된 십계명을 만들어 재산헌납, 폭력행사, 가출, 이혼, 직장과 학업 포기 등 사회문제를 야기시켜요.

2018년 8월 25일 〈그것이 알고 싶다〉 방송에서 은혜로교회 신옥주 씨의 속임과 재산 탈취를 보도하였어요.

은혜로교회가 남태평양 피지섬이 하나님이 약속한 땅 '낙토(樂土)'라며 400여 명의 신도를 그곳에 이주시키고 재산을 강탈해가고 있다고 세상에 알렸어요.

2018년 9월 22일 BBC News 코리아에 "은혜로교회에서 가까스로 탈출한 여성"이라는 제목으로 글이 실렸어요. 이서연이라는 사람이 은혜로교회 신옥주 교주에게 당한 이야기를 세상에 알렸어요.

탈출한 사람 중 하나인 이서연 씨는 BBC와의 인터뷰에서 탈출하는 과정에서 가족을 잃었지만 후회는 없다고 말했어요.

2013년 여름, 미국에서 유학 중이던 이서연 씨는 한국에 잠시 들어와 있었어요. 어머니가 자궁암이신데 치료를 거부하고 있는 상태였어요. 어머니는 서연 씨에게 은혜로교회로 가야 치료를 받을 수 있다고 말했어요.

이서연 씨는 은혜로교회의 사람들이 소리치고 울고 방언을 하는 것이 이상했어요. 신옥주 씨는 종말에 대해 설교하고 있어서 어머니에게 광신적 종교집단인 것 같다고 말했어요. 그러나 어머니는 아무런 대꾸도 하지 않았어요.

다시 미국으로 돌아간 서연 씨는 어머니가 여전히 병원 치료를 거부한다는 소식을 들었어요. 어머니께서 서연 씨가 대학교를 그만두고 한국으로 돌아오면 치료를 받을 거 같다고 하셨어요. 과거 아버지를 암으로 잃은 이서연 씨는 어머니를 위해 학교를 그만두고 한국에 돌아왔어요.

어머니는 수술을 받은 후, 서연 씨에게 회복을 위해 피지섬으로 이주하고 싶다고 말했고, 꼭 딸인 서연 씨와 함께 가야 한다고 했어요.

그것이 정교한 계략인 줄 서연 씨는 미처 몰랐어요. 신옥주 씨는 피지섬이 하나님이 기근으로부터 구원하신 몇 안 되는 장소 중 하나라고 했어요.

서연 씨는 이 단체를 이끄는 지도부는 '얼마나 많이 기부했는지'에 따라 결정됨을 알게 되었어요. 은혜로교회 지도자들은 신도들이 재산을 팔고 직장을 그만두고 친구들과 연을 끊게 만들었어요.

신 씨는 신도들의 여권을 압수하고 강제노동을 시켰고, 노동 중 가혹한 구타에 시달린 사람들은 죽기도 했어요.

서연 씨가 피지섬을 떠나기 하루 전, 그녀의 노트북과 여권이 없어졌어요. 다행히 가는 길에 경찰의 도움으로 대사관에서 임시여권을 받게 되었어요. 신옥주 일당들은 대사관까지 쫓아왔지만 대사관 직원들의 도움을 받아 탈출할 수 있었어요.

이단들은 신도를 세뇌시키고, 재산을 갈취 해요. 그런데 여호와 하나님은 헌물과 재물을 가지고 오지 말라고 하셨어요.

"여호와께서 말씀하시되 너희의 무수한 제물이 내게 무엇이 유익하뇨
나는 숫양의 번제와 살진 짐승의 기름에 배불렀고 나는 수송아지나
어린 양이나 숫염소의 피를 기뻐하지 아니하노라
너희가 내 앞에 보이러 오니 이것을 누가 너희에게 요구하였느냐
내 마당만 밟을 뿐이니라
헛된 제물을 다시 가져오지 말라 분향은 내가 가증히 여기는 바요
월삭과 안식일과 대회로 모이는 것도 그러하니 성회와 아울러
악을 행하는 것을 내가 견디지 못하겠노라
내 마음이 너희의 월삭과 정한 절기를 싫어하나니
그것이 내게 무거운 짐이라 내가 지기에 곤비하였느니라"

(이사야 1:11-14)

왜일까요?

> "너희가 손을 펼 때에 내가 내 눈을 너희에게서 가리고 너희가 많이 기도할지라도 내가 듣지 아니하리니 이는 너희의 손에 피가 가득함이라"
>
> (이사야 11:15)

하나님 백성의 손에 피가 가득하였기 때문이라고 하셨어요.

신명기에서 주님은 제물 자체보다 누가 어떤 제물을 드리는지 더 관심이 있음을 알려 주셨어요.

> "창기의 번 돈과 개 같은 자의 소득은 아무 서원하는 일로든지 네 하나님 여호와의 전에 가져오지 말라 이 둘은 다 네 하나님 여호와께 가증한 것임이니라"
>
> (신명기 23:18)

창기의 번 돈과 개 같은 자의 소득은 받기를 원하지 않으신다고 하셨어요.

그러나 말라기에서 하나님은 온전한 십일조와 봉헌물을 가져오라고 하셨어요.

"만군의 여호와가 이르노라 너희의 온전한 십일조를 창고에 들여

나의 집에 양식이 있게 하고 그것으로 나를 시험하여

내가 하늘 문을 열고 너희에게 복을 쌓을 곳이 없도록

붓지 아니하나 보라 만군의 여호와가 이르노라 내가 너희를 위하여

메뚜기를 금하여 너희 토지 소산을 먹어 없애지 못하게 하며

너희 밭의 포도나무 열매가 기한 전에 떨어지지 않게 하리니

너희 땅이 아름다워지므로 모든 이방인들이 너희를 복되다 하리라

만군의 여호와의 말이니라"

(말라기 3:10-12)

하나님께 온전한 십일조를 가져오는 자에게 주실 축복을 말씀하셨어요. 첫째, 메뚜기를 금하여 토지소산을 먹지 못하도록 하고, 둘째, 밭의 포도나무 열매가 기한 전에 떨어지지 않게 하시고, 셋째, 땅이 아름다워지고, 모든 이방인들이 복되다고 할 정도가 된다고 하셨어요.

이런 헌물은 진정한 감사에서 나와야 해요.

"감사로 제사를 드리는 자가 나를 영화롭게 하나니

그의 행위를 옳게 하는 자에게 내가 하나님의 구원을 보이리라"

(시편 50:23)

밴쿠버에서 유학 시 십일조와 헌금 생활

저는 캐나다 밴쿠버에서 유학했어요. 초반에는 매달 통장의 잔액을 보면서 "이번 달은 무조건 마이너스구나…" 했어요. 그런데 마이너스가 안 되었어요. 그다음 달에도 정말 "이번 달에는 마이너스겠구나…" 했는데, 적자가 되지 않았어요. 그렇게 몇 달을 계산하다가 한 가지 알게 된 것이 있었어요. "통장의 돈을 카운트할 때 하나님을 카운트하지 않았구나…"

이렇듯 헌금은 자발적으로 마땅히 우리를 입히시고, 먹이시고, 인도하시는 하나님의 은혜에 감사하여 반응하는 것이에요.

주님은 헌신을 억지로 하거나 인색함으로 하지 말라고 하셨어요.

"각각 그 마음에 정한 대로 할 것이요 인색함으로나 억지로 하지 말지니 하나님은 즐겨 내는 자를 사랑하시느니라"

(고린도후서 9:7)

주님께 즐거이 헌신하고 기꺼이 기쁜 마음으로 드리기를 소원해요. 이렇게 주님께 드릴 때 우리의 헌물을 통해 하나님 나라가 세워지고, 가난하고 소외된 선교지까지 흘러가요. 또한 공동체로 모인 보이는 교회 즉 지역교회가 건강하게 사명을 감당하는 데 성도들이 기쁨으로 낸 헌금이 소중하게 사용돼요.

　헌금이 중요한 또 한 가지 이유가 있어요. 예수님은 하나님과 재물을 겸하여 섬길 수 없다(마 6:24)고 말씀하실 정도로 물질이 인간에게 큰 우상이 될 수 있음을 경고하셨어요. 성도들은 헌금을 하면서 물질에 대한 욕심을 내려놓고 내가 가진 물질의 진짜 주인이 하나님이라는 사실을 고백하게 돼요.

2
동물에게 세례를 베풀어도 되지 않나요?

동물에게 세례를?

지난 2018년 4월 1일, 영국 성공회는 "동물에게 세례 주는 것을 고려하겠다!"라고 밝혔어요. 복수의 언론에 따르면, 성공회는 기자회견을 통해 "하나님 나라는 창조 질서를 포함한 모든 창조물의 회복에 관한 것이기 때문에 애완동물들에게 물을 뿌려주는 의식은 강아지와 고양이를 비롯한 다른 애완동물들도 만물의 부활에 온전히 포함됨을 상징하는 전례기 될 수 있다"라고 밝혔어요.

17세기 말부터 동물 축복식이 대대적으로 이뤄지는 지역도 있어요.

스페인 마드리드에 위치한 산 안토니오 데 라 플로리다 성당 앞에는 매년 1월 17일 애완동물을 데리고 전국에서 모인 사람들로 북새통을 이루어요. 이날은 로마 가톨릭의 사제이자 동물의 수호성인으로 지칭된 안토니오 아바드를 기념하고, 사제들이 동물에게 물을 뿌리며 무병장수를 기원해요.

우리나라도 예외는 아니에요. 수년 전부터 서울과 대전의 한 성당에서는 매년 동물 축복식을 거행해요. 다만, 동물 축복식은 세례식과는 다른 의미예요. 로마 가톨릭은 공식적으로 세례는 사람에게만 베풀고 있어요.

요즘 사람들은 자신이 키우는 동물을 애완동물을 넘어 반려동물이라고 표현해요. 반려는 짝이 되는 동무라는 뜻이에요. 단순히 키운다기보다 삶의 일부로 동물을 받아들이는 사람들이 급증하고 있다는 방증이죠.

농림축산부에 따르면 2015년 기준 반려동물 보유 가구는 21.8%로 사육 인구는 457만 가구, 1000만 명에 육박할 것이라고 분석했어요.

이같이 동물을 사랑하는 시대 분위기 속에서 등장한 질문이 있어요. "동물에게 세례를 베풀어도 되지 않나요?" 이 질문에 답하기 위해 세례가 어떤 의미인지 알아보면 좋겠어요.

세례가 가진 세 가지 의미

세례는 여러 가지 의미를 가지는데, 그중 중요한 세 가지만 살펴보죠.

첫째, 세례는 그리스도와의 연합을 상징해요. 로마서 6장 3~5절과 갈라디아서 3장 27절에는 각각 다음과 같이 기록되어 있어요.

"무릇 그리스도 예수와 합하여 세례를 받은 우리는 그의 죽으심과

합하여 세례를 받은 줄을 알지 못하느냐

그러므로 우리가 그의 죽으심과 합하여 세례를 받음으로

그와 함께 장사되었나니 이는 아버지의 영광으로 말미암아

그리스도를 죽은 자 가운데서 살리심과 같이 우리로 또한

새 생명 가운데서 행하게 하려 함이라

만일 우리가 그의 죽으심과 같은 모양으로 연합한 자가 되었으면

또한 그의 부활과 같은 모양으로 연합한 자도 되리라"

(로마서 6:3-5)

바울은 갈라디아서에서 이렇게 말해요.

"누구든지 그리스도와 합하기 위하여 세례를 받은 자는

그리스도로 옷 입었느니라"

(갈라디아서 3:27)

위 구절들에서 '그리스도와 합한다'라는 내용이 반복되고 있어요. 바울은 로마서를 통해 세례받는 사람이 죽어서 장사되었다가 다시 살아난다고 표현해요. 이 과정을 그리스도와 함께한다고 기록해요. 다시 말하면, 그리스도와 함께 죽었다가 다시 살아나는 것이 세례가 주는 중요한 의미예요.

세례는 그리스도와 함께 죽었다가 살아남으로 옛 사람을 벗어버리고 새사람으로 변모됨을 의미해요. 이 새사람은 그리스도와 연합하여 그리스도와 함께 거하는 사람이에요.

바울은 이렇게 고백해요

"내가 그리스도와 함께 십자가에 못 박혔나니 그런즉 이제는
내가 사는 것이 아니요 오직 내 안에 그리스도께서 사시는 것이라
이제 내가 육체 가운데 사는 것은 나를 사랑하사 나를 위하여
자기 자신을 버리신 하나님의 아들을 믿는 믿음 안에서 사는 것이라"

(갈라디아서 2:20)

둘째, 세례는 죄 사함과 중생의 표예요. 물세례는 더러운 죄를 물로 씻어 새롭게 한다는 의미예요. 오해하지 말아야 할 것은, 세례식 자체가 죄를 씻는 의식은 아니에요.

세례는 구원의 조건이 아니에요. 세례라는 행위가 죄를 사하지 않아요. 로마 가톨릭은 세례를 통해 원죄, 자범죄, 죄벌이 용서받고 새사람이 된다고 가르쳐요. 세례는 구원을 위해 필요하다고 주장해요. 하지만 죄 사함은 하나님의 주권적인 역사를 통해 인간이 예수 그리스도를 믿을 때 가능한 일이에요.

세례는 인간의 죄를 용서하신 하나님의 초자연적인 사역의 외적인 '표'예요. 하나님께서 자신의 구원사역을 확증하는 보증이고, 은혜의 통로예요. 따라서 세례는 하나님의 말씀을 받아 회개하고 믿음의 고백을 한 사람에게 베풀어야 해요.

> "베드로가 이르되 너희가 회개하여 각각 예수 그리스도의 이름으로
> 세례를 받고 죄 사함을 받으라 그리하면 성령의 선물을 받으리니"
> (사도행전 2:38)

셋째, 세례는 유형교회에 입교하는 의식이에요. 성부와 성자와 성령의 이름 즉 삼위일체 하나님의 이름으로 세례를 받아야 유형교회의 일원이 돼요. 교회는 신도가 세례를 받으면 구성원이 되었음을 공표해요.

세례를 받은 신도는 교회의 일원으로 권리와 책임을 부여받게 돼요.

누가 세례를 받나?

위에서 언급한 세례의 의미를 기억하면서 누가 세례를 받을 수 있을지 고민해 보아요. 그러면 "동물에게 세례를 베풀어도 되지 않나요?"라는 질문에 답할 수 있어요. 동물에게 세례를 베푼다고 동물이 그리스도와 연합할까요? 동물이 하나님의 말씀을 받고 회개할 수 있을까요? 동물이 자신에게 베풀어진 세례가 죄 사함과 중생의 표라는 사실을 기억하여 죄를 미워할 수 있을까요? 동물을 유형교회의 일원으로 인정할 수 있나요? 답은 전부 NO예요!

인간과 동물은 본질적인 차이가 있어요. 인간은 모든 피조물 중 유일하게 하나님의 형상으로 지음 받았어요. 예수 그리스도의 피는 인간의 죄를 사했지, 동물의 죄를 사하지 않았어요.

세례는 그리스도와의 연합을 의미해요. 하나님이 자신의 구원사역을 확증하는 보증이고, 은혜의 통로예요. 이런 이유로 전적으로 사람에게만 베풀어야 해요.

인간은 동물이 하나님께서 만들어 놓으신 피조물이라는 사실을 인식하고, 창조의 목적대로 다스리고, 보호할 의무가 있어요. 하지만 세례의 성경적인 의미를 살폈을 때 동물에게 주는 세례는 적합하지 않아요.

3
자살해도
천국 갈 수 있나요?

 2017년 연말, 아이돌 그룹 샤이니의 리드보컬인 종현 군이 자살했다는 충격적인 뉴스를 들었어요. 청소년들이 선망하고 좋아했던 젊은 인기가수의 자살은 많은 사람들에게 안타까운 일이었어요. 더 안타까웠던 것은 자살의 이유가 우울증이라는 거였어요.

 다들 부러워하는 인기와 부를 가진 청년이 왜 그토록 괴로워했고, 불면의 밤들을 보냈었는지, 주위에 도와줄 사람이 아무도 없었는지에 대한 의문이 들었어요. 그리고 기독교인인 종현 군에게 자살을 이겨 낼 힘이 모자랐다는 부분이 우리의 믿음에 대해 다시 한번 생각하게 했어요.

10년 전 최고의 인기를 끌었던 탤런트 최진실 씨의 자살도 전 국민에게 큰 충격과 안타까움을 주었는데 그때도 자살의 이유가 한 회사원으로부터 시작된 악의적인 헛소문 때문이어서 참 허망했어요.

그로부터 꽤 시간이 지난 후 온라인상에 이상한 영상이 돌았어요. D 교회에서 "지옥의 소리-최진실의 외침"이라는 제목으로 C 목사가 괴기스러운 비명을 지르는 영상이에요. 이 영상은 고 최진실 씨가 지옥에서 외치는 소리라고 주장했는데요, 더욱 놀라운 것은 D 교회에서 만든 다른 여러 개의 영상에 다음과 같은 자막이 있다는 것이에요.

"자살하면 100% 지옥이야!"

C 목사의 확고한 믿음은 자살하면 다 지옥에 간다는 것이었어요! 이 영상을 보면서, 예전 청소년 사역을 할 때 한 중학생에게 들었던 질문이 떠올랐어요. "목사님, 얼마 전에 저희 학교에서 한 아이가 자살했는데요. 걔는 지금 지옥에 갔을까요?"

자살에 대한 두 가지 생각

이 질문에 대해 우리는 크게 두 가지를 생각할 수 있어요.

첫째, 믿지 않는 사람의 죽음이에요.

먼저, 예수님을 믿지 않는 사람이라면, 그 사람이 자살을 안 하더라도 하나님께로 갈 길이 없어요.

> "예수께서 이르시되 내가 곧 길이요 진리요 생명이니
> 나로 말미암지 않고는 아버지께로 올 자가 없느니라"
> (요한복음 14:6)

맞아요! 예수님을 구주로 영접하지 않고, 하나님을 믿지 않으면, 영생은 없어요.

> "다른 이로써는 구원을 받을 수 없나니 천하 사람 중에 구원을
> 받을 만한 다른 이름을 우리에게 주신 일이 없음이라 하였더라"
> (사도행전 4:12)

다른 이름과 다른 길이 없어요. 하나님께로 가는 길은 예수님을 믿

는 믿음뿐이에요.

둘째, 믿는 사람의 자살이에요.

문제는 '믿는 사람이 스스로 자기 목숨을 없애려고 하는 것을 어떻게 생각해야 할까?'라는 거예요.

최진실 씨도 교회에 잘 다녔다고 해요. 신문이나 잡지, 방송을 통해 신앙생활을 열심히 한다는 인터뷰도 여러 번 봤어요. 이렇게 종현 군이나 최진실 씨처럼 자살을 택했던 다른 연예인들이나 우리 주위 사람들 가운데도 교회를 잘 다니는 사람들이 있어요. 이들이 그냥 교회의 뜰만 밟은 것이 아니라, 진짜 예수님을 구주로 영접했다면, 그들의 영혼은 지금 어디에 있을까요?

자살하면 지옥 간다는 말을 하면 어떨까요? 이 질문에 대한 답을 하기 전에 자살한 사람을 향한 우리의 태도를 제일 먼저 생각해 봐야 해요. "자살한 사람은 전부 지옥이다"라는 말처럼 다짜고짜 자살한 사람의 삶을 통째로 부정하고, 그 사람의 믿음은 가짜(가라지)라고 정죄하는 태도는 자제해야 해요.

예를 들어, 자살한 성도의 장례를 집례하는 목사님과 그 가족들을 향해 비난하는 성도를 본 적이 있어요. 이유는 자살했기 때문에 이미 지옥에 간 고인은 성도라 할 수 없기에, 기독교장으로 장례를 치를 수 없다고 따지는 것이었죠. 이것은 이미 큰 슬픔을 겪고 있는 유가족에게 말할 수 없는 고통을 주었어요.

우린 극단적인 선택을 한 사람의 상황이 아닌 이상 그 고통의 깊이를 결코 알 수 없어요. 고 최진실 씨의 어머니는 최진실 씨가 마지막으로 잰 몸무게가 40kg도 채 되지 않을 만큼 살이 빠졌다고 했어요. 정말 힘들었던 거죠.

동물 중에도 자살을 선택하는 경우가 있는데, 이유는 너무 힘들어서라고 해요. 예를 들어, 수의사 최종욱 씨가 쓴 책 〈세상에서 가장 불량한 동물원 이야기〉를 보면, 한 동물원에서 처음으로 새끼를 낳은 다람쥐원숭이 어미가 자살을 했어요. 태어난 지 일주일 만에 자기 새끼가 죽어 버렸기 때문이었어요. 보통 다람쥐원숭이 같은 소형 원숭이들은 새끼를 등에 업고 다니는데, 새끼도 붙잡는 손아귀 힘이 대단해서 절대 떨어지질 않죠. 그런데 새끼가 죽은 날은 이상하게도 어미가 새끼를 꼭 안고 있었어요.

사육사가 젖을 주나 자세히 봤더니 이미 새끼는 죽어서 축 처진 상태였어요. 그날 이후 그 어미는 일체 먹이와 일상적인 활동을 거부했고, 끝내 그 자리에서 그대로 죽고 말았어요.

이 어미 다람쥐원숭이는 새끼를 잃은 괴로움을 도저히 견딜 수 없어

자살한 것이었죠. 이렇듯 사람도 동물도 너무 힘들면, 삶을 이어나갈 힘을 완전히 잃게 돼요. 그런 상황을 못 이긴 사람에게 실패자(Loser)라고 낙인을 찍는 것은 기독교인이 결코 해서는 안 되는 일이에요.

예를 들어, 큰 충격 속에 사랑하는 이를 떠나보내고, 남겨진 가족이 듣는 자리에서 고인이 자살했으니 지금 지옥에 있다는 얘길 한다면 유가족에겐 저주를 퍼붓는 행위와 다를 바 없어요. 찢어진 상처에 소금을 붓지는 말아야지요. 게다가 유가족에게 복음을 전할 기회를 영영 놓치게 돼요. 그러므로 유가족이나 고인과 가까운 사람들에게 믿는 자로서 상처를 주는 말은 반드시 자제해야 할 일이에요. 실제로, 자살한 가족의 자살률은 굉장히 높기에 더 조심해야 해요.

자살이 최선의 결과?

다시 본론으로 돌아와서 자살한 사람의 영혼은 어떻게 될까요?
여기에는 두 가지 신학적인 견해가 있어요.
첫째, 자살한 사람일지라도 살아있는 동안 예수님을 진정 구주로 영접했다면, 구원을 받는다는 견해가 있어요.

둘째, 자살한 사람이 마지막에 자기 자신을 죽이는 살인죄를 저지르고, 회개하지 못해서 지옥에 간다는 견해도 있어요.

위 두 가지 견해 중 어느 것이 맞는지를 여기서 논하고 한 가지가 옳다고 결론 내리지는 않겠어요. 그러나 한 가지 생각해볼 것이 있어요. 이 땅에서 마지막 한 일이 하나님께서 가장 싫어한 일이라는 점이에요.

자살한 사람의 영혼이 곧바로 하나님 앞에 간다면, 이 땅에서 한 마지막 일은 자기 자신을 죽이는 일(살인)이에요. 마지막으로 한 일이 하나님께서 가장 싫어하신 일이라면, 참으로 안타까워요.

합력하여 선을 이루시는 하나님을 끝까지 붙잡지 못했기 때문이니까요. 자살까지 가는 상황과 환경은 마치 사방으로 욱여쌈을 당하고, 천만 인이 에워싼 진을 친 것 같을 테지만, 그럼에도 모든 것을 합력하여 선을 이뤄주실 하나님을 믿어야 해요.

물론, 연약한 믿음 때문에 결국 자살까지 이르게 되었지만, 그래서 더 안타까운 것 같아요. 우리는 가장 어렵고 힘들 때 곁에서 힘을 주고 일으켜 줄 동역자와 목회자가 절실히 필요해요.

'자살'을 거꾸로 하면 '살자'

진짜 믿음은 벼랑 끝까지 밀렸을 때에도 버틸 수 있는 힘을 주지요. 심지어, 벼랑 끝에서 밀려 낭떠러지로 한없이 추락한다 해도, 추락하는 우리를 붙잡아주실 하나님을 믿어야 해요. 왜냐하면, 하늘이 무너져도 솟아날 구멍을 내주시거든요. 자살을 선택할 것이 아니라 살도록 하나님의 역사를 간구해야 해요. '자살'을 거꾸로 하면 '살자'이듯 죽음을 뒤바꾸어 자신이 살고, 다른 영혼도 사는 방향으로 나아가야 해요.

성경을 잘 살펴보면 믿음의 조상들에게 솟아날 구멍을 내주시는 일이 하나님께서 즐겨 하셨던 일이에요.

요셉은 악의적인 누명을 쓰고 지하 감옥에 갇혀 2년 동안 하늘을 바라봤어요. 앞도 뒤도 옆도 보이지 않는 칠흑 같은 지하 감옥(dungeon)에서 잘 보이지도 않는 하늘(하나님)만 바라보며 끝까지 버텼어요. 그러자 왕이 요셉을 불러 꿈 해석을 부탁하고, 꿈 해석을 잘한 후에 우리가 아는 그런 존재가 되었어요. 애굽에서 총리가 되었고, 자신의 가족뿐만 아니라 민족 전체가 살 수 있도록 인도하는 인재가 되었어요. 자살을 선택하지 않자 오히려 수많은 사람들을 살리는 사람이 되었어요.

모세는 200만 명이 넘는 백성들을 이끌고, 홍해 앞에 다다랐어요.

앞은 홍해, 뒤는 이집트의 강력한 600대의 병거들, 마병들, 수만의 군사들. 백성들은 이제 우린 모두 죽게 되었다고 아우성치고, 모세를 원망하는 순간 모세는 하나님께서 일하실 것을 믿었어요. 그 믿음으로 이렇게 선포하지요.

"너희는 두려워하지 말고 가만히 서서 여호와께서 오늘 너희를 위하여

행하시는 구원을 보라 너희가 오늘 본 애굽 사람을

영원히 다시 보지 아니하리라"

(출애굽기 14:13)

그다음 장면은 홍해가 갈라져 이스라엘 백성들이 다 살아난 거예요. 에스더는 왕에게 나아갈 때 "죽으면 죽으리라" 결심하고 나갔어요. 왕의 허락 없이 왕에게 다가가면 왕비든 누구든 죽는 것이 그 당시 법이었음에도 말이에요. 그러나 자기 민족을 구하겠다는 일념에 죽음을 각오하고 나가자, 왕은 법보다 왕비 에스더의 소원을 들어주었어요. 결국 에스더도 살고, 이스라엘 민족도 살았어요.

엘리야가 바알과 아세라를 섬기는 무당 850명과 싸울 때도 하나님의 도우심을 구했어요. 이 싸움에서 지면 죽음이 코앞에 기다렸던 순간이었어요.

그때 하나님께서 엘리야의 제단에 불을 내려주셔서 참신이 누구신지 보여주시며, 엘리야를 살리셨어요.

다니엘과 세 친구들이 우상숭배를 하지 않자 세 친구는 풀무 불에 던져졌고, 다니엘은 사자 굴에 던져졌어요. 다니엘과 세 친구들이 하나님께 온전히 생명을 맡겨드렸기 때문에 가능한 일이었지요. 죽어도 하나님, 살아도 하나님! 그러자 그 뜨거운 풀무 불도 세 친구들을 태우지 못하고, 굶주린 사자들도 다니엘 앞에서 순한 양처럼 되었어요.

이렇게 죽을 것 같은 때에 역설적으로 오직 하나님의 도우심만을 간절히 바라자 하나님께서 구해주셨어요. 절체절명의 순간에 살려주시는 분이 하나님이시니까요.

그러니 이미 얻은 구원은 취소되지 않는다는 믿음 때문에 기독교인이 마음 편히 자살할 수 있다면, 하나님의 마음을 몰라도 너무 모르는 것이죠. 하나님께 도움을 구해야 해요. 자살을 선택한 사람은 세상에서 가장 안타까운 선택을 한 사람이 되고 말아요.

높은뜻 연합선교회의 김동호 목사님은 한때 정신과 치료를 받고, 머리의 반쪽이 마비될 만큼 힘든 일을 겪으셨다고 해요. 그때 우연히 벽에 걸린 십자가를 바라보았는데, 하나님께서 이런 마음을 주셨어요.

"내가 이 정도 일로 죽을 거라면, 예수님이 십자가에 못 박히실 이유가 없다" 하나님께서 우릴 살리시겠다고 이 땅에 내려오셔서 십자가까지 지신 거죠. 우리는 십자가를 바라봐야 해요. 십자가를 보면 우리는 살 수 있어요.

하나님의 영역

누가 천국에 가고, 지옥에 가는지 정확히 알 수 있는 사람은 아무도 없어요. 인간이 알 수 없는 영역이니까요. 그건 하나님의 영역이에요. 인간은 모두 죽은 후 하나님 앞에 서게 되고, 하나님만이 판단하실 거예요.

자살한 사람의 믿음이 진짜인지 인간인 우리는 끝까지 알 수 없어요. 교회에 다니는 모든 사람들의 믿음이 진짜인지 아닌지 우리는 판단할 수 없어요. 그래서 자살은 불안해요. 주변 모든 사람들이 그 사람의 믿음을 인정한다 해도 하나님이 인정하지 않으시면, 헛돼요. 그러니 영원한 생명의 목적지를 두고 자살이란 도박을 하는 건 참으로 불안한 일이에요.

최근 미국의 한 대형교회 담임목사님(Inland Hills Church, Pastor Andrew Stoecklein)이 자살을 했어요. 우리나라의 한창 부흥하던 S 교회 담임목사님도 5년 전 자살했어요. 그 교회의 수많은 성도들이 하나님을 떠났어요.

누구도 인생의 마지막을 비참하게 끝내고 싶지 않고, 믿음의 경주를 중도포기하고 싶지 않을 거예요. 인생의 기권을 누가 원하겠어요? 자살 충동이 들만큼 힘들고, 죽을 만큼 어려울 때 더욱더 십자가를 바라보기를 소원해요. 이 땅을 떠나 드디어 하나님 앞에 섰을 때에 오직 기쁨과 환희로만 나아갈 수 있기를 원해요. 우리 모두 끝까지 믿음의 경주를 완주하길 소망해요.

4
이단에 빠진 친구는 구원받을 수 없나요?

　한국 사회에는 이미 다수의 이단 사이비들이 활동하고 있어요. 주변을 살펴보면 가족이나 지인이 이단 사이비에 빠져있는 경우가 많아요. 이단 사이비에서 탈퇴할 생각을 하지 않는 이들을 보기도 해요. 안타까운 마음에 "이단 사이비에 빠지면 구원받지 못하나요?"라는 질문을 하게 되죠. 질문에 답하기 위해서 먼저 이단, 사이비가 무엇인지 알 필요가 있어요.

이단이란?

　이단과 사이비의 문제를 이해하기 위한 첫걸음은 두 단어의 의미를 정확하게 정의하는 일이에요. 일반적으로 이단과 사이비를 혼용해서 사용하는 경우가 많아요. 그러나 두 단어는 각각 고유의 뜻을 가진 다른 용어예요.

　이단이 종교적 용어라면 사이비는 사회적 용어에 가까워요. 먼저 이단의 뜻을 알아볼게요. 이단이라는 단어에 대한 흔한 오해는 이 용어를 윤리적인 문제와 결부시킬 때 발생해요. 가령 "교회 목사님이 재정을 횡령했어요. 여성 신도를 성추행했어요. 이단 아닌가요?"라는 질문이 많아요. 그러나 이단은 윤리적인 문제와는 별개로 다뤄야 해요.

　이단을 영어로는 'heresy'라고 해요. 이 단어는 헬라어 αἱρεόις(하이레시스)에서 유래했어요. '하이레시스'는 '선택'을 의미하는 가치중립적인 용어였어요. 시간이 흐르며 복잡한 의미변화의 과정을 거치다 '종교적 분파'의 의미로 사용되었어요.

　2세기에 들어서면서 이단으로 인한 문제가 교회 내에서 발생하기 시작하면서 하이레시스는 부정적인 의미로 사용하게 되었어요. 이단은 성경과 교리의 오류에 대한 문제로, 성경을 왜곡하고 교회사 속에서 치열한 논의를 통해 정립되어온 정통신학의 범주를 벗어난 주장(혹은 주장하는 교회, 단체, 사람)을 말해요. 성경은 이를 '다른 복음'(갈 1:7)이라고 정의해요.

교회의 역사는 다른 복음과의 치열한 전투의 역사였다고 해도 과언이 아니에요. 예수님이 제자들에게 어떤 교훈을 가르치실 때, 정통교리와 이단교리를 구별해서 말씀하는 모습을 찾기란 쉽지 않아요. 예수님이 "이건 정통, 이건 이단"이라고 말씀하지 않았다는 뜻이에요.

문제는 시간이 흐르면서 예수님과 사도 그리고 사도적 신앙을 계승한 교부들의 가르침과 성경의 가르침을 (고의 혹은 실수로) 왜곡하는 이들이 발생했어요. 단순히 성경 몇 구절을 다르게 해석하는 문제가 아니었어요. 성부, 성자, 성령은 한 본체에 세 위격이라는 삼위일체, 예수 그리스도가 참사람이자 참신이었다는 신인양성, 예수 그리스도의 부활과 재림 등 기독교 역사 전체에서 본질적으로 믿었던 가르침들을 배격하는 자들이 발생했어요. 교회사 속의 대표적인 이단인 아리우스(250~334년경)는 예수 그리스도는 피조된 존재라고 가르쳤어요. 마르키온(80~160년경)은 구약의 하나님은 열등하고 결함이 있는 존재라고 주장했어요. 잘못된 교훈은 분별력이 부족한 성도들을 혼란스럽게 했어요. 교회의 통일성을 깨트리는 큰 문제도 발생시켰죠.

교회의 지도자들은 가만히 공동체로 들어와(갈 2:4) 다른 복음(갈 1:6-9)을 전하는 자들을 용납할 수 없었어요. 황제나 교회의 지도자들은 교회의 신조와 원칙의 일치를 위해 회의를 소집했어요. 잘못된 가르침을 정죄하고 축출하기 시작했어요.

대표적으로 아리우스를 이단으로 정죄한 325년 니케아 공의회(1차), 아리우스 논쟁을 종결하고 예수님은 완전한 하나님이지만 사람은 아니라는 아폴리나리우스 주의를 단죄한 381년 콘스탄티노플 공의회(1차), 예수 그리스도가 참신이자 참사람이라는 신인양성 교리를 확립한 451년의 칼케돈 공의회 등이 있었어요.

이렇듯 이단이 축출되는 과정은 또한 정통신학이 확립되는 과정이기도 했어요. 이단을 살펴보면 성도가 믿고 고백하는 교리적 진술이 어떻게 확립되었는가를 확인할 수 있어요. 동시에 잘못된 신학과 성경해석을 되풀이하지 않기 위한 공부이기도 해요.

사이비란?

사이비는 겉보기엔 비슷한 것 같아 보이지만 근본 적으론 완전히 다른 집단을 의미해요. 사이비는 이단보다는 좀 더 사회적인 용어예요. 가령 사이비 기자, 사이비 의사 등 문자적 의미에 맞추어 다양하게 사용할 수 있어요. 이단적인 주장을 전파하는 동시에 반사회적인 문제를 일으키는 개인이나 단체를 사이비 종교라고 지칭해요.

사이비 종교는 종교라기보다 종교를 빙자한 사기 집단으로 이해해야 해요. 영어에서도 'heresy'가 아닌 '광신적인'이라는 의미를 가진 'cult' 혹은 '허위의'라는 뜻을 가진 'pseudo'로 표현해요.
사람을 신격화하거나, 특정한 날이나 시점에 종말이 온다고 주장하면 대부분 사이비 종교로 봐도 무방해요.

대표적인 사이비 단체의 예로 일본의 옴진리교를 들 수 있어요. 옴진리교 신도들은 1995년 3월 20일 오전 8시경, 일본 도쿄 지하철 다섯 개의 전동차 내에 무색·무취의 맹독성 신경가스인 사린가스를 살포했어요.
당시 10여 명이 사망하고 6,000여 명이 중경상을 입게 되었어요. 힌두교의 파괴신인 시바신을 섬기는 이들은 한때 신도 1만 명에 육박할 만큼 꽤 큰 교세를 자랑했어요. 이들은 일본을 점령해 아사하라 쇼코의 독재 국가를 세우겠다고 주장했어요.

사이비에 빠진 신도들은 교주가 성경도 다시 쓸 수 있는 존재라고 믿어요. 교주의 말 한마디 한마디가 그들에게 교리가 돼요. 체제를 전복

하겠다는 교리가 테러로 이어졌어요. 이처럼 사이비는 잘못된 교리로 인해 언제든지 대형 사고도 일으킬 수 있는 시한폭탄 같은 존재예요.

지금도 이단 사이비를 결의하는 일은 각 교단을 통해 계속되고 있어요. 이단 사이비는 개인이 규정하는 것이 아니라 각 교단 총회를 통해 이루어져요. 총회 산하에 이단사이비대책위원회(교단마다 명칭 다름)를 두고 문제성 단체를 선정해요. 그리고 그 단체를 연구한 다음 이단, 사이비, 이단성, 참여금지, 경계, 예의주시 등으로 보고해 결의(혹은 규정)하게 돼요.

이단 사이비의 구원 문제

구원은 오직 예수 그리스도를 믿는 믿음으로 받아요. 인간의 행위는 구원에 어떠한 영향을 끼칠 수 없어요. 구원은 하나님의 전적인 은혜로 베풀어지는 선물이에요.

> "너희는 그 은혜에 의하여 믿음으로 말미암아 구원을 받았으니
> 이것은 너희에게서 난 것이 아니요 하나님의 선물이라
> 행위에서 난 것이 아니니 이는 누구든지 자랑하지 못하게 함이라"
>
> (에베소서 2:8-9)

따라서 한 사람의 구원의 문제를 단정 짓는 것은 매우 위험해요. 그러나 성경은 오직 예수 그리스도 외에는 다른 구원자가 없다고 단호하게 말씀해요.

> "다른 이로써는 구원을 받을 수 없나니 천하 사람 중에 구원을 받을
> 만한 다른 이름을 우리에게 주신 일이 없음이라 하였더라"
>
> (사도행전 1:12)

대부분의 사이비는 예수 그리스도 외에 교주를 이 시대의 구원자로 내세워요. 예수 그리스도를 과거의 구원자 혹은 실패한 메시아라고 규정해요. 교주를 시대의 구원자로 세우기 위해 성경을 곡해해 자의적으로 해석해요. 이 같은 사이비에는 구원이 있을 수 없어요.

신격화된 대상이 없고 예수 그리스도를 유일한 구원자로 인정하면서도 이질적인 가르침으로 이단으로 결의된 곳이 있어요. 아주 조심스럽지만 그런 곳에 속한 신도들의 구원의 가능성은 완전히 배제할 수 없어요.

특히 이단이 아닌 이단성 혹은 참여금지, 경계 정도로 결의된 단체의 경우 더더욱 그래요. 반대로 생각해볼게요. 정통이라는 딱지는 붙이고 있지만 실상 목회자가 잘못된 삼위일체, 잘못된 기독론을 가르치는 경우가 많아요.

그렇다면 그 교회 안에 있는 사람들은 모두 구원받지 못할까요? 평생을 정통교회에 다녔음에도 삼위일체에 대해 물어보면 다수의 성도들이 잘 몰라요. 혹, 이단적 삼위일체를 설명하기도 해요. 그렇다면 이 성도들의 구원은 어떻게 될까요? 전부 구원받지 못했다고 말할 수는 없어요.

분명 교회 안에는 알곡이 있고 가라지도 있어요. 교리적인 지식이 부족하다고 이들을 가라지 혹은 구원받지 못한 사람이라고 단정 지을 수는 없어요. 이단의 경우도 마찬가지예요. 구원은 교리적 정확성으로 이루어지지 않아요.

하지만 이단에서 구원을 받을 수 있는 가능성은 아주 희박하다는 것만은 분명한 사실이에요. 왜냐하면 이단에 속해 있으면 바른 성경 해석과 교리를 배우지 못하기 때문이에요. 왜곡된 진리와 잘못된 지식을 계속 배우면 신앙이 병들어요. 교리적 정확성이 구원을 주지는 못해요. 그러나 바른 교리는 인간을 바른 구원의 길로 인도하며 신앙을 건강하게 만들어요.

이단에 일말의 구원 가능성이 있다고 생각해서 안심하라는 말은 결코 아니에요. 비유하자면 이단에서 구원을 찾는 건 오염된 저수지에서 신선한 물고기를 잡겠다는 것과 마찬가지예요. 개신교는 진리의 종교예요. 하나님, 예수님, 성령님, 구원, 십자가, 부활, 재림 등 본질적인 내용들에 대한 탐구를 정확하게 해야 해요. 건강한 신학적 정립을 위한 노력은 진정한 그리스도인이 되기 위한 필수 과정이에요. 건강한 신앙생활을 위해 성경과 교리 공부를 게을리해서는 안 돼요.

5
공부를 안 하거나, 일을 대충 하면 죄가 되나요?

변해가는 시대

우리가 사는 21세기는 이전 시대와 많이 바뀌었어요. 욜로(Yolo)시대라고 하지요. 'You Only Live Once(당신은 한 번뿐인 인생을 산다)'라며 현재를 즐기라는 거예요. 맞는 말이기도 해요.

21세기는 '워라밸 시대'라고도 해요. '워라밸'은 '워크라이프 밸런스'(Work-life balance)를 줄인 말이에요. 그만큼 젊은이들은 직장을 구할 때 중요한 조건으로 일과 개인의 삶 사이의 균형을 중요시해요.

과거 부모님 세대는 수많은 사람들이 일 때문에 스트레스를 받았어요. 스트레스는 질병의 주원인으로 이로 인해 과로사로 죽기도 했어요. 가족을 위한다며 일중독자로 사는데, 정작 가족과 같이 시간을 보내지 못해 가정에 문제도 많았어요.

지나친 성공주의와 성취주의로 자신의 건강도 상하게 했지요. 그러나 이제는 삶을 보는 관점이 많이 달라졌어요. 쉼과 안식이 필요하고 얼마나 중요한지 알기 시작했어요.

전도서에 보면 솔로몬도 하나님이 주신 분복 중 하나가 먹고 마시는 것이라고 했어요.

> "사람이 하나님께서 그에게 주신 바 그 일평생에 먹고 마시며
> 해 아래에서 하는 모든 수고 중에서 낙을 보는 것이
> 선하고 아름다움을 내가 보았나니 그것이 그의 몫이로다"
> (전도서 5:18)

그리고 책을 많이 보고 연구하는 것도 인생을 피곤하게 한다고 했지요.

> "내 아들아 또 경계를 받으라 여러 책을 짓는 것은 끝이 없고
> 많이 공부하는 것은 몸을 피곤케 하느니라"
> (전도서 12:12)

시대를 넘어 성경이 말씀하는 것?

그러나 우리가 간과해서는 안 되는 것이 있어요. 성경은 "일하기 싫은 자는 먹지도 말라!"(살전 3:10)라고 하셨어요. 무엇보다 창세기에서 하나님은 인간을 창조하시고, 문화 명령을 주셨어요.

> "하나님이 그들에게 복을 주시며 하나님이 그들에게 이르시되 생육하고 번성하여 땅에 충만하라, 땅을 정복하라, 바다의 물고기와 하늘의 새와 땅에 움직이는 모든 생물을 다스리라 하시니라"
>
> (창세기 1:28)

생육하고 번성하여 땅에 충만하고, 땅을 정복하라고 하셨어요. 가만히 있으면 생육하고 번성할 수 있을까요? 땅에 충만하고, 정복하기 위해서는 땀을 흘려야 하고, 때로 피도 흘려야 가능한 일이지요.

그런데 요즘 젊은 사람들 중에는 힘든 일과 어려운 일은 기피하는 경향이 있어요. 힘겹게 배우는 일은 귀찮아하거나 아예 집중하지 않으려고 해요. 대학 졸업 후 직장을 찾을 때 대기업과 좋은 곳에 가서 쉬엄쉬엄 일을 하려고 해요.

하지만 주님은 우리가 그런 곳에서만 일하는 것이 아니라 개간하기 어려운 땅을 가꾸고 개척하기도 원하세요. 요새는 창업하기가 참으로 어려워요. 그러나 주님은 우리가 안정적인 일에만 관심을 갖고 살기를 원하시지 않으세요.

성경의 인물들을 보면 기존의 안정적인 자리를 넘어 새로운 곳과 새로운 영역에 뛰어들게 하셨어요. 그러면서 새로운 시대를 열게 하셨어요.

믿음의 조상 아브라함을 보세요! 당시 굉장히 좋은 비즈니스였던 우상 장수를 포기했어요. 그 당시는 우상을 만든 후 부르는 대로 값이 정해졌어요. "이것은 백만 원!"이라고 해도 팔릴 만큼 쉬운 돈벌이였어요. 부모님과 친척들 그리고 친구들이 있는 곳에서 편하게 잘 살 수 있었어요. 그런데 하나님은 아브라함에게 알지 못하는 땅으로 가게 하셨어요.

그 후에 그 약속의 땅인 가나안으로 아브라함의 후손들을 인도해주셨지요. 이것은 아브라함이 갈대아 우르로부터 멀고 먼 가나안까지 땀과 피를 흘리며 이동했기에 얻었던 열매예요.

그렇다면 우리는 삶의 현장에서 어떻게 공부하고 일하며 살아가야 할까요? 하나님은 타락한 아담에게 말씀하셨어요. 인류는 평생 동안 땀을 흘리며 열심히 자기에게 주어진 일을 해야 살아갈 수 있다고 말이에요.

"아담에게 이르시되 네가 네 아내의 말을 듣고 내가 네게 먹지 말라

> 한 나무의 열매를 먹었은즉 땅은 너로 말미암아 저주를 받고
>
> 너는 네 평생에 수고하여야 그 소산을 먹으리라"
>
> (창세기 3:17)

직업에 진정한 부르심이 있는가?

칼빈은 직업소명설을 말했어요. 그 내용은 하나님은 사람에게 노동을 하도록 하셨다는 거예요. 이 노동도 성직처럼 신성한 것이고, 하나님께 칭찬 받을 만한 일이라는 것이에요. 이런 노동을 가로채거나 사기치는 자를 하나님이 기뻐하지 않으신다고 하였어요. 칼빈은 하나님은 각 사람이 해야 할 일이 있다고 하였어요. 그 일을 잘 감당할 때 물질적 번영도 누리며 하나님의 축복을 누린다고 하였어요. 그러나 칼빈은 자신만 이런 복을 누릴 것이 아니라 가난한 자들과 나누기를 원하심을 언급했어요.

우리가 왜 열심히 주어진 일을 해야 할까요? 이는 나만 잘 살려고 하는 것이 아니라 나누기 위함이에요.

페이스북 창업자인 저크버그 부부는 첫 딸의 출산 소식을 알리면서 재산의 99%인 약 52조 원을 사회에 기부하겠다고 하였어요. 태어난 딸에게 보내는 공개편지에서 "우리가 사는 오늘의 세상보다 더 나은 세상

에서 자라기를 바란다"라면서 기부의 이유를 밝혔어요.

딸만이 아니라 딸과 함께 살아갈 사람들이 보다 더 좋은 세상에서 살도록 52조 원이라는 천문학적인 금액을 기꺼이 기부했어요.

그러나 수많은 사람들을 열광하게 하고 대단한 혁신가였던 스티브 잡스는 기부에는 인색한 사람이었어요. 스티브 잡스는 입양되었고, 양부모 밑에서 자라며 은혜를 입었어요. 스물셋에 여자 친구가 임신해 딸을 낳았지만 잘 돌보지 않았어요. 오로지 애플을 키우고, 돈 버는 일에 몰두하였어요.

스티브 잡스는 우러러볼 숭배의 대상이었지만 존경의 인물은 아니었어요. 독재자 같은 방식으로 회사를 운영하며, 수많은 동료들과 노동자들의 삶을 돌아보지 않았어요. 아이폰과 아이패드를 팔아 큰 이익을 냈지만 사회 환원에는 인색하였어요.

그렇다면, 나 자신은 어떤가?

우리는 어떤가요? 세상과 우리가 속한 공동체, 다른 지체를 얼마나 섬기려고 하고 있나요? 나누고 섬기기 위해서 우리는 자신의 분야에 땀을 흘려야 하고 영향력 있는 인물이 되어야 해요. 종종 듣는 얘기 중

"공부해서 남 주냐?"라는 말이 있어요.

근데, 진짜 '좋은 공부'는 남을 줄 수 있는 공부예요. 한 사람이 만 명 분을 차지하기보다 한 사람이 만 명을 먹이는 일이 더 귀해요! 자신의 성공을 위해서가 아니라 주님을 기쁘시게 해야 해요. 우리의 게으름으로 시간을 낭비해서는 안 돼요.

하나님이 인생의 주인이라는 세계관을 가진 사람이 진정한 그리스도인이에요. 내 몸, 내 시간, 내 물질, 내 소유인 것처럼 보이지만 사실은 하나님께서 허락하신 시간, 물질, 건강이에요. 시간과 물질을 의미 없이 허비하는 건 하나님 보시기에 좋지 못한 모습이랍니다.

하나님의 백성은 내 영광이 아닌 하나님의 영광을 위해 살며, 나의 인생을 향한 하나님의 뜻을 구현해야 한답니다. 하나님께서 맡기신 사명과 일을 대충하는 모습을 하나님께서 기뻐하실지 생각한다면 우리가 어떻게 살아야할지 답을 내릴 수 있지 않을까요?

6
혼자가 편한데, 왜 공동체 속에서 예배해야 하나요?

혼밥

통계청 자료에 따르면 2019년에는 1인 가구가 가족이 함께 사는 가구보다 많아질 것으로 전망되고 있어요. 실제로 현재 20~30세대는 혼밥을 즐기는 세대인데요. 그들은 저녁에 직장 동료들과 함께 회식을 하는 것보다 혼자 밥을 먹고 혼자 술을 마시는 것이 더 편하다고 해요. 외식분야에서도 간소화 및 단품 열풍이 계속될 것으로 예상하고 있어요.

지금 대한민국은 1인 가구 500만 시대, 전체 가구의 4분이 1이 '나홀로 가구'에 해당하는 솔로 전성시대예요. 통계청에 따르면 2035년에는 나홀로 가구 비중이 34%까지 증가할 것이라고 해요. 이러한 인구구조 변화는 우리의 라이프스타일과 인식을 또다시 변화시키고 있어요.

혼자 여행

최근 2019년 비자 글로벌 여행조사(Visa Global Travel Intentions Survey) 통계에 따르면, 최근 1년 사이 나홀로 여행객들이 전체 여행객의 13%에서 24%로 껑충 뛰었어요. 세계 최대의 인터넷 호텔 예약사이트인 부킹닷컴도 예약의 35% 이상이 '나홀로 여행객'이라고 설명해요. 대부분의 나홀로 여행 경험자들은 혼자 여행하는 가장 큰 이유를 "떠나고 싶은 순간에 바로 떠날 수 있어서…"라고 해요.

가족이나 친구들과 바쁜 일정에 맞추어 여행 스케줄을 짜다 보면, 상대에 맞춰 일정이 바뀌거나 원하지도 않았던 행선지로 떠나는 것을 우려해요.

최근 유행하고 있는 '혼밥'이나 '나홀로 여행'을 경험해 보신 적이 있나요? 이런 문화는 최근 1인 가구가 증가하면서 확산 중인 문화예요. 이제 밥과 술뿐 아니라 영화, 여행까지도 혼자 즐기는 트렌드가 나타나고 있어요.

미혼

2015년 25~39살 사람들을 대상으로 미혼율을 알아보았어요. 여성 미혼율은 35.5%였고, 남성 미혼율은 더 심각한 52.8%였어요.

이런 상황 가운데 결혼을 해도 갈수록 이혼율은 급증하고 있어요. 이혼율 세계 1위가 될 정도로, 2쌍이 결혼을 하면 1쌍은 이혼을 하는 이혼율 50%인 나라가 되었어요.

2017년 이혼 통계조사에서 신혼부부의 이혼율이 22.4%로 높았지만, 20년 이상 산 부부의 황혼이혼율이 31.2%로 가장 높은 퍼센트를 차지하였어요.

교회 안에는 이미 다수의 1인 가구 청년들이 존재해요.

청년들의 교회 이탈이 두드러지는 시대이지만, 여전히 젊은이들이 있어요. 나이가 많은 지체들도 소속감을 가질 수 있도록 하여 연령대를 넓게 열어 놓아서 그들에게 안정감을 주고 섬겨야 해요. 나이가 많아서 조심스럽게 교회를 찾았다가 또래 청년들을 만나 안도하며 모임 안에서 고민을 나눌 수 있어야 해요.

40세 이상을 다 쫓아낸 일산의 한 대형교회

일산에 있는 한 대형교회는 대예배 시간 때 40세 이상인 청년들은 다 청년부를 떠나라고 하였어요. 그다음 주 그 교회 담임 목사님은 정정하겠다고 하시고는 38세 이상 청년들은 다 청년부를 떠나라고 하였어요. 이 말은 나이가 많은 청년들에게 큰 상처가 되었어요.

실제로 교회 안 청년부에는 나이 많은 청년 중 현재 50대 초반인 사람도 있어요. 이들은 교회 사역 경험도 많고 사회생활을 오래했기 때문에 오히려 젊은 지체들에게 선한 모델과 멘토가 될 수 있어요.

강한 훈련으로 도전하는 공동체

1인 가구 시대라고 할지라도 청년들에게 무엇보다 '공동체성'이 중요해요. 이것은 먹고 마시고 교제하는 것으로 생기지 않아요. 물론 친밀감을 통한 소속감이 생길 수 있지만, 건강해지는 것은 아니에요.

청년들은 교회를 선택할 때 공동체의 방향성과, 자신이 얼마나 훈련받고 연단될 수 있는지를 중요시 여겨요. 요즘 청년들이 이기적이고 안 일하다고 걱정하지만 꼭 그렇지는 않아요. 강한 메시지로 채찍질하는 설교를 하지만 오히려 그런 설교를 좋아하는 청년들도 많아요. 또한 자신을 돌봐주지 않으면 내 교회가 아니라고 생각하구요. 반대로 공동체에서 채움을 받는다면 거리에 상관없이 찾아가요. 이것이 1인 가구 시대라고 하지만 공동체성이 필요한 이유예요.

예배, 리더 모임, 특별 새벽 기도 외에도 40일 작정 기도, 교리 대학 등 각종 교육과 훈련 과정이 있다면 공동체 속에 더 자연스럽게 녹아져 스며들 거예요. 듣고 배우는 데 그치지 않고 지속적인 상담과 돌봄을 통해 제자 훈련에 참여할 수 있게 해주어야 하고, 멤버 자신도 그렇게 뛰어들어야 해요.

쉴 새 없이 이어지는 훈련이지만 분명한 방향성을 제시하면서 강하게 훈련시킬 때, 청년이 회복되고 각자의 고민들도 이겨낼 수 있어요.

처음 교회에 온 지체를 대상으로 실시하는 케어도 필요해요. 그렇게 돌봄을 통해 정착하면 주일예배와 사랑방 모임에 참석하고, 규칙적으로 십일조 생활을 하며, 성경을 1독 이상해야 훈련받을 수 있도록 이끌어주어야 해요.

가정 공동체를 향한 열린 마음

청년들은 가정 공동체에 대한 갈망도 커요. 젊은이들이 결혼을 준비하도록 도와주어야 해요. 결혼 예정자들을 위한 결혼학교, 결혼자를 만나 준비하는 결혼예비학교, 신혼부부를 성숙하게 하는 신혼부부학교, 부모로서 준비하게 하는 예비부모학교를 통해 건강한 공동체를 이루도록 해야 해요.

이럴 때 '바른 결혼 재정관, 미생을 넘은 완성의 건강한 가정관, 결혼 생활 난제와 해결법, 삼위일체적 가정 건축법에 대해 조금씩 배워갈 수 있어요.

교회 공동체는 교회 안의 이성교제를 적극 권장은 아니더라도 허용할 필요가 있어요. 무엇보다 미혼 청년들이 결혼에 대해 생각하게 해 주어야 해요. 결혼자가 있을 때 그것을 오픈하게 하고 모든 사람들의 축복을 받을 필요가 있어요. 다른 청년들도 결혼하는 커플을 통해 도전과 자극을 받아야 해요.

결혼을 준비하다가 실패하여 나이 든 청년들이 있어요. 공동체에서 이들을 긍휼의 눈으로 봐야 하는 것은 그들만의 사연과 약함이 있을 수 있기 때문이에요. 결혼 못 한 사람이라고 도매금으로 매도할 것이 아니라 접근 방법을 달리하여 다가가야 해요.

요즘 세상은 독신 1인 가구를 아름답다고 말하는 것이 트렌드인 것처럼 되어 있지만, 인간 내면의 외로움과 상처는 혼자서는 극복하기 힘들어요. 경쟁사회 속에서 박탈감과 자괴감에 시달리는 청년들에게 가장 중요한 것이 '영적인 돌봄을 제공하는 공동체'예요. 1인 가구 시대에는 특히 한 사람, 한 사람을 제대로 세워야 해요. 1인 가구 청년들에게 안정감을 주되 끊임없이 도전을 주며 건강한 공동체를 만들어야 해요. 그럴 때 '공동체를 위해 무엇을 할지, 어떻게 가정에 헌신할지, 주위 관계 속에서 어떻게 도울지'에 대한 생각이 많은 성숙한 리더를 양성하게 돼요.

삼겹줄의 공동체 필요

한국은 세계에서 잘사는 나라 중의 한 나라예요. 2017년 세계 GDP 순위에서 11위에 올랐어요. 그러나 상대적 행복지수는 상당히 낮아요. 2017년 세계 행복 지수 순위에 한국은 56위였어요. 다른 나라보다 분명 부한 나라이지만 국민들의 행복감과 안정감은 상대적으로 낮아요. 그런 가운데 젊은이들의 결혼은 늦어지고 있어요.

2013년 한국보건 사회연구원이 전국 1만 8천 가구의 기혼남녀 1만여 명을 대상으로 조사한 것에 의하면, 젊은 부부 중 기혼여성 39.7%와 기혼남성 29.8%는 자녀가 있어도 이혼을 하겠다고 하였어요. 특히, 여성들은 가사와 양육, 돌봄, 가족생활 부담을 이혼 사유로 꼽았고, 주로 이런 이유로 이혼해요.

이런 시대 속에 미혼 남녀 2명 중 1명은 10년 후 기존 결혼 형태보다는 동거를 하겠다고 하고, 이미 결혼한 부부에게서는 한집에서 살지만 서로 상관하지 않는 '졸혼(결혼생활을 졸업)'라는 기괴한 현상도 나타나고 있어요.

그런 시대적 상황 가운데 건강한 결혼보다는 동거, 계약결혼, 졸혼이 대세이고 결국엔 이별, 이혼을 선택하게 돼요. 불행한 가정으로 전락하고 마는 거죠. 이런 불행한 가정은 자녀들에게도 영향을 주어요. 이런 상처를 어린 시절에 겪게 되면 청소년기에 탈선을 하게 되기도 해요. 결손 가정에서 청소년 범죄율과 이혼율의 증가가 그 증거라고 할 수 있어요.

따라서 젊을 때 건강한 자아를 갖고, 교육과 훈련을 받고 건강한 가정을 이루어야 건강한 교회, 건강한 사회를 이룰 수 있어요.

혼자 사는 것 자체는 혼자에게 편할 수 있지만 하나님께서는 우리가 아름다운 가정을 이루고, 주님의 나라를 함께 확장해 나가기를 원하셔요.

주님의 사명을 받은 선한 청지기는 혼자서가 아니라고 전도서 4장 12절에서 '삼겹줄은 끊어지지 않고 강하다'고 하였어요. 가정이라는 강한 결속력을 가진 공동체를 통해 자신도 위로와 회복을 받고, 더 큰 가정 단위인 교회와 사회를 섬겨야 할 거예요.

7
전도가 쉽지 않은데, 꼭 해야 하나요?

교회에서 자꾸 전도를 하라고 하면 부담이 될 수 있어요. 무조건 데리고 오라고 하니 마음이 무거울 수 있어요. 요즘같이 교회가 욕을 먹고, 안티가 많은 세상에 교회라는 말조차 꺼내기가 어려운 것도 사실이고요.

현재 우리나라엔 '가나안 성도' 즉 '교회를 다녔다가 현재는 나가지 않는 성도'가 300만 시대라고 해요. 한국기독교 목회자 협의회 대표회장 이성구 목사님은 '2017년 한국인의 종교 생활과 의식조사'에 따르면 조사대상 1,000명의 기독교인 가운데 '교회에 다니지 않는다'고 답한 비율은 23.3%였다고 하였어요. 교회 출석하지 않는 개신교인은

2012년까지 11%대 안팎으로 머물다 2017년에는 23.3% 급증한 것이지요.

가나안 성도가 생기는 이유?

왜 교회를 나오지 않으려고 할까요? 학원 복음화 협회가 발표한 대학생 1천 명이 말한 기독교 인구가 감소하는 이유는 크게 3가지로, 교회세습 및 이미지 실추 61.6 %, 독선적 포교 38.8%, 훈련과 양육 약화 32%였어요.

교회를 다닌 대학생이 말한 기독교를 떠난 가장 큰 이유는 크게 4가지였어요. 첫째, 신앙생활에 대한 회의 34%, 둘째, 배타적임 28%, 셋째, 율법적 및 강압적임 15.7%, 넷째, 헌금 남용과 비도덕적 모습 15.1%이었어요.

가나안 성도 3백만 명이 출석하던 교회의 상태에 대해 이렇게 말했어요. "첫째, 교인들의 삶이 신앙인답지 못하고(42.2%), 둘째, 헌금을 지나치게 강조하고(30%), 셋째, 담임 목회자가 독단적이에요(26.5%)."

이 말은 반대로 어떻게 하면 교회가 회복될 수 있는지를 보여주는 거예요. 첫째, 독단적이지 않고, 교회가 교회답고, 둘째, 배타적이나 율법적이지 않고, 셋째, 교육과 훈련을 강화하면 소망이 있다는 말이에요.

이런 상황에서 교회에서 전도를 하라고 하니 마음이 어려운 지체들도 있어요.

구약에 요나도 니느웨로 가라고 하였을 때 마음이 무거웠어요. 그래서 앗수르 수도인 니느웨로 가지 않았어요. 반대 방향인 다시스로 배를 타고 가버렸지요.

그런데 풍랑을 만나 그 배에 탄 모든 사람들이 위기를 겪게 되었을 때, 알고 보니 그 원인이 바로 자기 자신 때문이었어요. 바닷속에 던져진 요나는 이젠 자신이 꼼짝없이 죽을 줄 알았지만 하나님께서 살려주셨어요.

다시 살려 주셨으니 얼마나 감사가 넘쳤겠어요? 그런 은혜를 입은 요나에게 하나님께서는 요나서 3장 1절에 다시 말씀해 주셨어요.

"여호와의 말씀이 두 번째로 요나에게 임하니라 이르시되"

(요나서 3:1)

다시금 하나님께서 요나에게 니느웨로 가라고 하셨어요.

"일어나 저 큰 성읍 니느웨로 가서 내가 네게 명한 바를
그들에게 선포하라 하신지라"

(요나서 3:2)

그러나 여전히 요나의 마음은 어려웠어요.

니느웨는 앗수르의 수도로 거대한 도시였어요. 이 거대한 도시는 성벽의 둘레가 약 12km, 성 내곽의 너비가 45m나 되는 규모였어요.

니느웨로 가고 싶지 않은 이유?

왜 요나는 이런 멋진 도시인 니느웨로 가고 싶지 않았을까요?

첫째, 앗수르 사람들은 이교도들이었어요. 당시 유대인들은 선민사상으로 다른 민족을 개, 돼지 보듯 하고 부정하다고 생각했어요. 자신들만 축복 받은 선택된 민족이라고 생각해 인종 차별이 심했어요.

둘째, 앗수르 사람들은 이스라엘을 공격하는 침략자들이었어요.

앗수르가 이스라엘을 처음 침공한 때는 요나 시대 때보다 거의 100년 전쯤이었어요(B.C. 850년대). 살만에셀 3세가 하맛으로 진군하여 다메섹을 비롯해 이스라엘까지 침공하려고 했을 때 아합왕이 연합군으로 참여하여 살만에셀을 격퇴시킨 일이 앗수르와의 첫 싸움이었어요(왕상 20:36). 그 후 842년 살만에셀의 재침공으로 인해 이스라엘은 앗수르에 조공을 바치기 시작했어요. 단순 조공만이 아니라 고대에는 여자들도 바쳤어요. 치욕과 굴욕적 삶을 살아야 했어요.

처참하게도 이스라엘은 B.C. 745년 앗수르(디글랏 빌레셀)에 의해 북

이스라엘이 점령당했으며, 살만에셀 4세에 의해 멸망당하게 되었어요. 그런 역사적 상황 속에 앗수르에 가서 복음을 전하는 것은 마음에 쉽게 허용되지 않았을 거예요.

셋째, 앗수르 니느웨의 회복은 이스라엘의 패망을 의미하였어요.

앗수르의 부흥은 이스라엘의 패망과 직결되는 문제였어요. 루터(Luter)는 요나서 주석에서 말하기를 "율법도 예배도 선지자도 없는 원수 국가인 앗수르 제국에 하나님의 용서의 은총을 전하는 것보다 요나는 죽기를 택했을 것"이라고 했어요. 복음을 증거하고, 앗수르 백성을 섬길수록 조국의 백성에게 치명적 상처와 멸망을 선사하는 격이었어요.

그래서 요나는, 니느웨가 큰 성이라 사흘 동안 걸어야 하는 도시를 그냥 하루 동안만 다니며 외쳤어요.

> "요나가 그 성읍에 들어가서 하루 동안 다니며 외쳐 이르되 사십 일이 지나면 니느웨가 무너지리라 하였더니"
>
> (요나서 3:4)

그런데 놀랍게도 적극적으로 금식을 선포하고, 백성들이 굵은 베옷을 입었어요. 니느웨 왕과 대신들, 그리고 짐승들도 회개에 동참하는 역사가 일어났어요. 왕의 대신들도 조서를 내리고 동참하였고, 심지어 사람이든지 짐승이든지 다 굵은 베옷을 입고 회개하였어요.

요나는 굉장히 수동적이었지만, 요나의 생각과 달리 저주받아야 할 나라 사람들 전체가 은혜를 사모하였어요.

요나를 욕하지 못할 우리?

요나처럼 우리도 편견과 불편한 마음을 가지고 복음을 적극적으로 나누지 않고 살 수 있어요. "저 사람은 복음을 받아들이지 않겠지… 저 사람은 복음이 필요하지 않겠지… 저 사람이 교회 오는 것은 교회에 도움이 되지 않겠지…" 이런 잘못된 생각으로 정말 복음이 필요한 사람이 진정한 하늘의 축복을 누리지 못할 수 있어요.

제자훈련 중 아라가 일이 생겨서 참석하지 못했어요. 1:1 보강을 하는 도중 '갑자기 이 친구는 어떻게 교회에 오게 되었을까?' 궁금하여 물었어요. 막상 듣게 된 이야기는 충격이었어요. 아라는 20대 초반에 스튜어디스를 꿈꾸며 공부하였는데 암에 걸린걸 알고 하늘이 무너지는 것 같았어요.

소망 없이 좌절과 낙망 속에 살았는데, 자기처럼 비참하게 인생을 살아야 할 친구 민정이는 너무 달랐어요. 딱 한 가지 차이가 뭔지를 따져보자 민정이는 교회를 다니고 있었어요. 그래서 아라는 민정이에게 "나도 좀 교회로 데리고 가줄래?" 물어봤어요.

민정이가 먼저, 암에 걸려 인생이 어떻게 될지 모르는 친구에게 복음을 전하고, 교회로 초대했어야 했는데 오히려 아라 자신이 교회로 데리고 가 달라고 했다는 말에 큰 충격을 받았어요.

그래서 제가 섬기는 교회에서 For You 초청 예배를 드리기 시작했어요. 1월, 3월, 5월, 7월, 9월, 11월 홀수 달 마지막 주에는 태신자, 혹 불신자를 초청해서 예배를 드렸어요. 이렇게 초청할 수 있도록 먼저 지체들에게 작은 선물을 나누어 주었어요. 세상에서 크리스천임을 먼저 알리도록 교회 로고를 작게 새겨서 주었어요. 지속적으로 이런저런 선물을 주면서 복음을 30초라도, 1분이라도 나누도록 했어요. "하나님이 당신을 사랑하세요!", "기도 제목이 있으면 기도해 드릴게요!" 이렇게 짧은 문장이라도 좋으니 선물을 주면서 나누도록 했어요. 1월에는 40여 명, 5월에는 70여 명, 9월에는 100여 명, 11월에는 170여 명이 교회에 왔어요.

보통 시간이 지날수록 초청되는 사람이 적어지거나 없어야 하는데 그렇지 않았어요. 입을 열어 선물을 주면서 초청을 하자 태신자들이 계속 교회에 오기 시작했어요. 그 결과 1년에 120명~150명 정도가 교회에서 12주 교육을 수료하게 되었어요.

우리는 복음을 가지고 있으니까 정작 그 효력과 귀중함을 잊고 살 때가 많아요. 마치 독사에게 있는 독은 자신을 죽이지 않으니 그 독의 위력을 알지 못하듯이 우리는 우리가 늘 듣고 말하는 예수님의 이름의 파워와 위대함을 잘 몰라요. 예수님의 이름으로 귀신을 쫓아낼 수 있고, 예수님의 이름으로 병자를 고칠 수 있고, 무엇보다 예수님의 이름으로 구원을 받았음에도 이를 망각하며 살아갈 때가 많아요.

그러나 우리도 복음을 모르고 살다가 이렇게 축복받게 된 자임을 기억해야 해요. 그리고 우리 주위 사람들도 우리처럼 복음으로 사망의 죄에서 벗어나게 해야 해요. 한 영혼이 회복되고, 가정이 회복받고, 사회가 거룩해지도록 해야 해요. 복음만이 개인과 나라를 건강하게 세울 수 있어요.

우리의 생명은 영원하지 않아요. 그리고 죽음 뒤에는 분명히 심판이 있어요. 히브리서의 저자는 한번 죽는 것은 사람에게 정해진 것이요 그 후에는 심판이 있다(히 9:27)고 했어요. 사람의 죽음은 죄의 결과물이기 때문에 바울은 죄의 삯은 사망(롬 6:23)이라고 단언했어요.

인간은 죄로 인해 죽고 영원한 지옥 형벌을 받아야 하는 존재예요. 이러한 영원한 심판에서 구원받을 수 있는 유일한 길은 예수 그리스도를 믿는 거예요. 예수님이 인간의 죄를 대신해 십자가에 못 박혀 죽으시고 부활하셨다는 사실을 믿는 것 외에 심판에서 벗어날 방법은 단 하나도 없어요. 구원의 길이 하나밖에 없는데, 그 길을 모르는 이에게 전하는 것은 마땅히 강조되어야 할 일 아닐까요?

8
설교가 은혜가 안 되는 것 같은데, 무엇이 문제인가요?

한국교회는 예배 참석자가 계속해서 감소하고 있어요. 남아 있더라도 기대하는 마음으로 참석하는 사람은 줄고 있어요.

예배는 참으로 중요해요. 교회에 다니는 이유가 예배 중 은혜받고 한 주를 살려고 하는 것이기도 하니까요.

은혜받지 못하고, 교회도 오고 싶지 않은 이유?

왜 예배에 나오기 싫고, 나와도 은혜를 받지 못할까요? 첫째, 교회가 싫어서, 둘째, 목사님이 싫어서, 셋째, 교인이 싫어서 그럴 수 있어요.

한 교회에 청년부 헌신예배를 갔었는데 예배 후 간담회 시간이 있었어요. 축구를 하는 한 지체가 오랜만에 온 것 같았어요. 담임 목사님이 "왜 요즘 교회 안 오니? 와서 축구 동아리도 만들고 전도하면 좋은데..."라고 말씀하셨어요. 그러자 그 청년이 주저하지 않고 앞에 앉은 청년부 담당 목사님을 가리키면서 "청년부 목사님이 너무 재미없고 싫어서요..."라고 말했어요. 순간 분위기는 무거워졌어요.

요즘 젊은이들은 교회가 싫고, 교회 교역자가 싫고, 교회 리더가 싫으면 안 나오려고 해요. 물론 교회, 교회 리더, 목회자도 문제예요.

그런데 더 큰 문제가 있어요. 우리가 신앙생활할 때 나 자신이 교회를 위해서, 목사님을 위해서, 교인을 위해서 기도하지 않고, 예배를 드린다는 거예요.

결혼 전 아내와 차를 타고 송파구를 지날 때, 아내가 예전에 다니던 교회가 거기 근처에 있었다고 하면서 신앙생활 이야기를 했어요. 그 당시에 작은 개척교회를 다니고 있었는데 교회 예배 때 은혜를 못 받아 힘들었대요.

어느 날, 너무 힘들어하는 자신에게 설교하는 목사님을 위해서 나 자신이 얼마나 기도했었는지를 생각하기 시작했다고 해요. 그래서 목사님을 위해 기도하고 설교를 듣는데 너무나 좋은 말씀으로 다가왔대요. 그 후로 더 이상 예배나 설교 때문에 시험에 들지 않았었다고 해요.

예배 때 은혜를 받지 못한다면 그것만큼 불행한 일도 없어요. 그래서 교회를 정할 때 거리가 가까운 교회보다도 은혜받고 섬길 수 있는 교회를 찾고 등록하는 것이 중요해요. 예전처럼 집 앞에 교회가 있으니 가고, 그 교회가 모교회가 되는 시대는 지났어요. 이미 평생 직업이라는 개념이 사라진 것처럼 영적 젖줄기를 통해 은혜를 주지 못하면 교회를 떠나는 신앙의 유목민들이 늘어났어요.

거리가 중요한 시대에 살고 있지 않아요.

거리보다 중요한 것은 예배

민성이는 서울에서 직장을 다니고 있었어요. 하지만 예배에 참석하기 위해 매주 대구로 내려오고 있었어요. 민성이가 예배에 처음 왔을 때는 그렇게 믿음이 좋은 친구는 아니었어요. 그런 민성이가 서울에 있는 한 회사의 스카웃 제의를 받고, 내민 한 가지 조건은 매주 대구로 교회 갈 수 있게만 해달라는 것이었어요. 너무 의외의 조건이라, 조심스레 이유를 물어보게 되었어요. 그랬더니, 쉽게 나누기 어려운 삶의 간증을 내어 놓기 시작했어요.

민성이는 어릴 적 친형과 함께 교회에 다녔는데요. 민성이는 형과 같이 매주 교회 가는 것이 즐거웠어요. 어느 날, 형에게 약속이 생겨, 혼자 먼저 교회에 간 민성이는 형에게 빨리 오라고 전화를 했어요. 그렇게 민성이의 전화를 받은 형은 발걸음을 돌려 동생이 기다리는 교회로 가는 지하철을 탔어요. 그런데 형은 끝내 교회로 돌아오지 않았어요. 형이 탄 열차는 2003년 2월 18일 대구지하철 화재사건의 그 열차였기 때문이었어요.

그 후로 민성이는 엄청난 죄책감을 지고 살아갔어요. 초등학교 2학년이었던 아이에게 형의 죽음은 감당하기에 너무 큰일일뿐더러 자신이 형에게 전화를 걸었기 때문이라는 자책 때문에 죽을 만큼 힘들었어요.

이 사건으로 민성이는 매일 밤 악몽을 꾸었고 제정신으로는 도저히 버티기 어려워서 여러 번 정신과 치료를 받았어요. 가끔씩 너무 힘들어 아파트 옥상에 올라가 자살시도를 하기도 했었어요. 그렇게 하루하루를 힘겹게 살다가 군에 입대했고, 민성이는 군대에서 하나님을 만났어요. 그러자 마음속에 평안이 깃들고 악몽도 조금씩 사라졌어요.

민성이는 제대 후 친구의 소개로 교회에 왔어요. 예배를 통해 하나님의 사랑을 깊이 경험하게 되면서, 남아 있던 큰 상처가 완전히 치유되었어요. 그래서 민성이는 서울에서 대구까지 거리와 상관없이 참석하였어요.

예배가 왜 중요할까요? 왜 같이 드리는 공동체 예배가 소중할까요? 이런 간증도 들을 수 있기 때문이지요. 예배에 참석해 이런 이야기를 듣기만 해도 우리 자신은 도전, 위로, 회복을 받을 수 있어요.

예배 때 또 어떤 일이 일어날까요?

무서운 아토피와 우울증, 그리고 대인공포증을 넘어

진정한 예배 가운데는 치유가 있어요. 내면적 치유가 있고, 영적인 치유가 있어요. 육신의 질병도 예배 가운데 치유해 주세요. 그래서 예배가 중요하고, 참석해야 해요.

수원에서 아포슬 예배에 오는 진명이라는 친구가 있어요. 진명이는 모태 신앙이었지만 습관적으로 교회에 다녔을 뿐, 인격적으로 하나님을 만나진 못했어요. 게다가 중학교와 고등학교 때는 공부한다는 핑계로 교회에 나가지 않았어요.

그러던 진명이가 대학교 입학 후부터 아토피 피부염이 너무 심해져서 외출이 어려울 정도가 되었어요. 손가락 마디마디가 찢어지고, 지문까지 다 지워졌어요. 피부가 너무 건조해져 접히는 모든 부분이 다 찢어져서 다리를 펼 수조차 없었어요. 외출은커녕 숟가락을 잡는 것조차 고통이었어요.

전국 방방곡곡 유명한 한의원이며, 대학병원에서 나온 신약 테스트며, 아토피에 효능이 있다는 것은 다 해봤지만, 아무 소용이 없었어요. 아무것도 할 수 없던 진명이는 하나님을 원망했어요. "나보다 더 나쁜 사람들도 많은데 왜 하필 나입니까? 그리고 왜 하필 지금입니까?" 차라리 죽고 싶은 심정이었어요. 하지만 진명이의 가족과 친구들은 진명이를 위해 한마음으로 계속 기도했고, 진명이의 마음도 차츰차츰 하나님 앞에 나아오게 되었어요.

그러던 어느 날, 진명이는 새벽시간에 기도하러 나오게 되었어요. 아토피가 너무 심해 다른 사람의 부축이 없이는 거동이 불편했기 때문에 사람이 많지 않은 새벽예배를 선택하게 된 거예요. 건강하게 예배에 오는 다른 사람들을 보면 너무나 부러웠어요. 진명이는 저들처럼 다닐 수 있고, 예배드릴 수 있게 해달라고 기도했어요.

그렇게 새벽예배를 드리던 어느 날, "거두어 가심은 내려주심보다 더 지극하고 진한 사랑의 표현이다"라는 설교 말씀에 진명이는 자기도 모르게 "거두어 가심도 하나님께서 베푸시는 큰 은혜입니다"라고 고백했어요.

이 고백을 통해 진명이는 하나님을 온전히 의지하게 되었고, 놀랍게도 그의 회복은 순식간에 이뤄졌어요. 예배를 드리는 도중 언제 그랬냐는 듯이 거짓말처럼 아토피가 빠르게 치유되었어요. 진명이뿐만 아니라 가족 모두 하나님의 능력을 체험하였어요. 진명이는 숨을 쉬고, 걸어 다니고, 숟가락을 쥐고, 밥을 먹고, 이렇게 살아가는 모든 순간이 다 은혜임을 깨닫게 되었어요.

진명이는 고침을 받은 뒤 평생 새벽예배를 드리기로 작정했어요. 집이 먼 진명이는 용돈의 대부분을 택시비로 사용했어요. 하지만 치유의 하나님을 만나는 것이 더 중요하고, 그 돈은 아까운 것이 전혀 아니었어요.

우리가 은혜를 받아야 할 이유는 내가 살아야 다른 사람도 살릴 수 있기 때문이에요.

귀한 비행기 티켓 선물

예배 가운데 은혜가 있다면 그 은혜는 먼저 예배자를 살려요. 그 후 그 예배자와 함께 있는 사람 즉, 가정, 교회, 세상 속 학교와 직장의 동료를 살려요.

사랑방 리더에게 예배를 통해 은혜를 받은 성준이라는 초신자에 대해서 듣게 되었어요. 성준이는 한 번도 하나님에 대해 들어본 적이 없는 친구였어요. 그런데 하나님을 믿은 지 얼마 안 된 성준이의 삶과 고백을 듣고 저는 깊은 감동을 받았어요.

성준이는 교회에 처음 왔을 때 많이 낯설고 어색해했어요. 그러나 예배 때 듣게 된 말씀은 성준이의 힘든 마음을 위로해 주었어요. 주일 예배가 기다려지기까지 하였어요.

감사하게도 성준이가 교회 나온 뒤 아버지의 법적문제가 해결되고, 그뿐 아니라 암 치료 중이던 어머니와 누나가 많이 건강해졌어요. 그러면서 정말 하나님은 살아계시고 자신을 죽기까지 사랑하신다는 사실도 믿게 되었어요.

해외 수출 자동차부품 생산관리를 맡고 있는 성준이는 주변에서 일중독이라고 불릴 만큼 일만 하는 사람이었어요. 아침 6시부터 저녁 10시까지 일하는 회사라 외국인 근로자들이 대부분이었어요.

이 외국인 근로자들은 최소 3년, 최대 8년 계약을 하고 한국에 오는데, 1년 전 새로 온 외국인 근로자가 있었어요. 열심히 일은 하는데 실수가 많았어요. 그런데 그 외국인 근로자가 어느 날 가족과 영상통화를 하는 것을 보았는데 그의 3살 된 딸이 많이 아팠어요.

　게다가 이 회사 오기 전에 일했던 회사에서 1년 동안 월급을 받지 못하고, 폭행까지 당한 것도 알게 되었어요. 외국인 관리자인 성준이는 안타까움과 함께 왠지 미안한 마음이 들었어요. 그 외국인 근로자 딸아이의 상태가 좋지 않아서 수술이 필요했는데, 1년 동안 받지 못한 돈 때문에 치료가 제대로 이뤄지지 않아 딸아이의 상태가 많이 악화된 것이었어요.

　성준이는 회사 회의 때 이 외국인 근로자의 상황을 얘기하였어요. 사장님께서는 수술비를 부담하셨고. 다른 직원들도 조금씩 돈을 모아 전해 주었어요. 성준이는 때마침 학교에서 나온 장학금으로 이 친구가 딸아이를 보고 올 수 있도록 개인적으로 비행기 티켓을 사서 주었어요. 그리고 대구에서 인천공항까지 자신의 차로 배웅해 줬어요.

　하지만 안타깝게도 수술 결과가 좋지 않아 딸아이가 숨을 거뒀어요. 며칠 후 다시 돌아온 그는 성준이에게 딸아이의 마지막을 함께할 수 있게 해줘서 정말 고맙다고 하였어요.

　성준이는 이 외국인 근로자가 회사와의 계약이 끝나고 인도네시아로 돌아갈 때 성경책을 선물로 주었어요. 이 친구뿐만 아니라 다른 인도네시아 근로자들에게 인도네시아 성경책을 구입하여 선물로 주고 있어요. 예배 후 이런 얘기를 들은 사랑방원들은 성준이를 칭찬했어요. 저도 성준이에게 참 대단하다고 하였어요. 그런데 성준이는 겸손함으로 이렇게 말했어요. "전 하나님께 받은 은혜와 사랑을 나누었을 뿐 제가 한 것은 아무것도 없습니다."

심령이 살아난 소아마비 청년

교회에서 거리가 먼 상인동에 사는 영민이는 몸이 불편한 소아마비 1급 장애인이었어요. 그런 영민이가 6시 청년 새벽예배에 나오기 시작했어요. 몇 번 나오고 안 올 줄 알았는데 지금까지 나오고 있어요.

제가 영민이에게 "몇 시에 일어나니?"라고 물었어요. "새벽 4시요!" 교회까지 1시간이나 소요되는 거리인 데다가 옷을 입고 준비하는 시간이 오래 걸려 새벽 4시에는 일어나야 한다고 했어요. 첫 차를 타고 와도 교회 도착시간은 6시 15분이었어요.

새벽을 깨우는 영민이의 모습은 많은 청년들의 마음을 움직였어요. 그중에서도 교회 근처에 사는 청년들 얼굴이 뜨거워졌어요. 불편한 몸을 가지고도 멀리서 나오는데 교회가 코앞이고 건강한 신체를 가진 사람이 새벽을 못 깨운다는 것에 스스로 충격을 받았어요.

영민이는 주일 저녁 '밤에 뜨는 별' 예배와 매달 셋째 주 '기도십일조' 예배를 빠지지 않았어요. 특히 합심하여 기도할 때면, 종종 전동휠체어를 타고 강대상 앞쪽으로 나왔어요. 공간이 넓은 곳에 휠체어를 세우고 내려와 무릎을 꿇고 기도했어요. 그 모습을 보면 눈시울이 뜨거워졌어요. 영민이는 자신의 가슴을 치며 죄인이라고 외쳤고, 열정적으로 소리를 내며 찬양을 했어요.

영민이가 새벽을 깨우고, 밤에 뜨는 별 예배와 기도십일조를 참석하는 것 자체로 교회 공동체에 큰 영향을 주었어요. 작년 어느 날, 자기보다 힘든 사람들을 섬기기 위해 사회복지과를 전공하고 싶다는 영민이의 선언은 제 마음에 큰 울림을 주었어요.

그래서 교회에서 매년 지원하는 장학금을 신청하라고 하니 이미 등록금이 다 채워졌다고 하였어요. 고장 난 전동휠체어의 수리비를 지원해주려고 했더니 그것도 다 채워졌다고 사양하였어요. 저 같았으면 도움을 받고자 할 텐데 영민이는 그러지 않았어요. 지금은 사회복지과를 졸업하고 다른 사람을 섬기고 있어요.

심령의 도전과 변화는 예배의 회복에서 시작돼요.

9
부모님을 이해 할 수 없는데, 왜 이런 가정에서 살아야 하나요?

하루는 아는 목사님과 고기를 구워 맛있게 먹고 있었어요. 식사 도중, 그 목사님께서 예전에 어머니와 있었던 웃지 못할 에피소드를 나눠 주셨어요. 하루는 목사님께서 어머니와 고기를 구워 먹는데, 어린 시절 늘 비계만 드시던 어머니가 생각이 났어요. "어머니, 원래 고기 안 좋아하시잖아요."라고 말했더니 어머님께서 화를 내시면서 마구 욕을 하셨다는 거예요. 진짜 비계만 좋아하시는 줄 알았던 목사님의 한마디에 어머니가 화가 나셨어요.

그래요. 우리는 때때로 부모님을 제대로 이해하지 못하고 오해할 때가 있어요. 아니 때로는 우리는 피해자이고, 부모님께 상처를 입었다고 오해하기도 해요.

정신병원에서 깨달은 한 가지

정신병원에 입원해 있는 한 지체를 심방한 적이 있어요. 대화 중 그 지체가 이런 말을 했어요.

"목사님! 제가 이번에 병원에서 깨닫게 된 것이 있는데, 그건 제가 아버지를 많이 오해하고 있었다는 사실입니다. 저는 아버지가 저를 굉장히 억누르시고 공부만 하라고 다그치셨다고 생각했어요. 그래서 아버지의 뜻대로 소위 S.K.Y. 대학교를 가고 법을 전공했지만 하나도 행복하지 않았어요. 그래서 가출도 하고요. 늘 사랑에 굶주려 있었죠. 그런데 이번에 진단받으면서 제가 아버지의 말씀을 곡해하고 살았다는 것을 깨닫게 되었어요. 저는 아버지께서 하신 평범한 말들을 다 상처로만 받았던 거죠. 실제로 그렇게 말씀하시지 않았는데도 말이에요."

이 지체처럼 우리들도 부모님을 다 이해하지 못할 수 있어요. 때로는 우리를 사랑하지 않는다고 오해하기도 해요. 그런 오해 때문에 부모님께 상처받았다고 느끼고 그 아픔으로 살아가기가 힘들다고 생각할 수도 있어요.

하나님께선 "네 부모를 공경하라!"라고 십계명을 통해 우리에게 명령하셨어요. 특히, 십계명의 명령 중 이 계명만 보상이 담겨 있어요.

"네 부모를 공경하라

그리하면 네 하나님 여호와께서 네게 준 땅에서 네 생명이 길리라!"

(출애굽기 20:12)

부모 사랑할 때 주시는 복

내가 부모를 공경하면 그 공경함을 그대로 자녀들이 배우게 돼요. 화목한 가정을 이루는 복을 누려요.

건강한 부모 밑에 건강한 자녀가 있게 돼요. 하지만 때로는 건강한 자녀를 통해 영적으로나, 육적으로나 부모의 건강이 회복될 수 있어요.

2017년 캐나다 비전트립을 갔을 때 일이에요. 윤은수 목사님 가정을 방문하게 되었는데, 윤 목사님의 두 자녀들은 정말 잘 웃었어요. 뭐가 그렇게 재밌는지 웃음이 끊이지 않았어요. 아이들의 이런 밝은 에너지는 곧 주위에 퍼져 그들의 주위는 즐거움과 웃음으로 가득했어요. 아이들의 행복한 에너지는 우리 단기팀 지체들에게도 영향을 주었고, 목사님 부부도 아이들로 인해 행복해 보였어요.

자녀가 부모를 건강하고 회복되도록

우리는 편파적으로 생각해요. 부모님들은 무조건 자녀들에게 잘해 줘야 하고 자녀들의 행복을 위해서는 뭐든지 희생해도 당연한 것이라고 말이에요.

그래서 부모를 공경하는 이유를 나에게 헌신하셨기 때문에, 나를 사랑해주셨기 때문이라고 단순하게 생각해요.

하지만 성경은 그렇게 말하지 않아요. "네 부모를 공경하라!" 여기에 어떤 수식어도 붙지 않아요. 즉, 부모의 잘남, 못남, 세상 지위의 높낮이, 나에게 잘해준 것에 따라 공경하는 것이 아니라 이유 여하를 막론하고, 부모님을 공경하라고 말씀하셨어요.

여기에는 자녀를 통해 부모님을 만지시고 회복시키시고 축복하시길 원하시는 주님의 마음이 들어 있어요.

길거리에서 부모를 때린 이유

    2016년도 11월, 온 국민을 분노에 차게 한 영상이 있었어요. 그것은 길거리에서 아들이 자신의 어머니를 가차 없이 폭행한 영상이었어요. 경찰에 의하면 어머니가 자신에게 해준 아파트 평수가 너무 작아서 본인의 체면이 서지 않기 때문에 폭행을 했다고 진술했어요.

    이런 패륜이 세상에 존재한다는 것이 믿어지지 않았어요. 하지만 이런 일들은 우리 주위에서 알게 모르게 일어나고 있어요. 부모와 연을 끊고 살아가는 사람도 있고, 같이 살아도 부모님을 증오하는 지체도 있어요.

    성경은 폭언도 아주 크게 다루고 있어요. 폭언이 곧 폭력이고 살인이라고 말씀하셨어요. 마태복음 5장에서 예수님은 욕하는 사람은 천국에 들어갈 수 없다고 단호히 말씀하셨어요.

부모를 사랑하지 않는 자는 믿음의 배반자

    교회에서 봉사를 누구보다 잘하고 사회에서 성실히 살아가고 있지만 부모님을 공경하지 않는다면 그것은 예수 그리스도를 모르는 사람보다 더 악한 자라고 말씀해요.

"누구든지 자기 친족 특히 자기 가족을 돌보지 아니하면

믿음을 배반한 자요 불신자보다 더 악한 자니라."

(디모데전서 5:8)

우리의 삶 속에서는 나를 낳아주시고 길러주신 부모님을 향한 공경함이 있어야 해요. 보이는 부모를 공경하지 않으면서 하나님을 경외한다는 것은 거·짓·말이에요. 절대 그렇게 하지 못해요.

"누구든지 하나님을 사랑하노라 하고 그 형제를 미워하면 이는

거짓말하는 자니 보는 바 그 형제를 사랑하지 아니하는 자는

보지 못하는바 하나님을 사랑할 수 없느니라."

(요한일서 4:20)

보이는 부모님을 공경하지 못하는 자가 어떻게 보이지 않는 하나님을 제대로 섬길 수 있겠어요? 어떻게 하는 것이 부모님을 공경하는 방법일까요? 다음과 같이 간단히 추려보았어요. 이미 알고 있는 방법일 수도 있지만, 한 번 더 숙지하는 것도 좋을 것이라 생각해요.

부모 공경 10가지 방법

1) 안부 묻고 전하기

2) 따뜻한 말과 마음 전하기

3) 부모님에게 선물&용돈 드리기

4) 부모님과 시간 함께 보내기

5) 부모님 격려해 드리기

6) 부모님과 대화하기

7) 부모님의 비전과 사명에 동참하기

8) 부모님을 위해 기도해 주기

9) 부모님이 하늘의 부모님과 접속되도록 해주기

10) 내가 건강한 부모가 되어 건강한 가정을 꾸리기

이 땅에서 화평을 유지하는 자에게 "하나님의 아들이라 일컬음을 받을 것"이라고 하셨어요.

"화평하게 하는 자는 복이 있나니

그들이 하나님의 아들이라 일컬음을 받을 것임이요"

(마태복음 5:9)

하나님은 우리가 화평의 자녀가 되기를 원하세요. 더불어 주님은 가장 작은 단위인 가정에서부터 이 화평이 이루어지기를 원하시는 거예요.

나 자신만 화평한 것이 아니라 부모님이 우리를 볼 때, 화평하고 감사한 단계까지 되어야 해요. 그럴 때 하나님의 아들이라 일컬음을 받게 되고, 이 땅에서 하나님의 이름을 높이게 돼요.

좋은 자녀가 되는 스펙도 중요

21세기는 좋은 학력, 커리어, 지식과 실력을 갖추는 데 참 많은 시간과 노력을 기울여요. 우리는 특별히 좋은 자녀가 되는 것에 노력을 해야 해요. 잘되지 않더라도 노력해야 해요.

예전에 부모사랑과 믿음에 대한 설교를 한 적이 있는데, 그 설교를 듣고 난 후 한 지체가 자신의 신앙의 여정을 간증문으로 보내왔어요.

참 먼 길을 돌아왔습니다. 하나님, 길고 긴 시간이었네요.

그전까진 정말 제 슬픔과 우울에 빠져 못 보았던 것들을 깨닫게 하심을 감사드립니다. 하나님. 사실 많이 억울했어요. 왜 많고 많은 사람들 중에 왜 이런 집에, 왜 이런 아빠 딸로 태어나게 하셨는지? 내 상처들은 여전히 그대로인데 왜 아빠는 당신을 만나 변화되었다며, 늦둥이 동생에겐 평범하고 이상적인 아빠 역할을 하는지요? 변화 한 단어로 모든 게 없던 일로 되는 게, 용서를 강요하는 게 억울했어요.

변화된 직후의 아빠는 더 싫었어요. 여전히 아빠는 가끔 이성을 놓쳤으니까요. 그리고 이제는 하나님의 이름을 빌려 화를 냈죠. 하나님은 너의 하나님이 아니라, 아빠의 하나님이라고, 난 마귀의 자식일 뿐이라고… 차라리 술 마시고 매일 싸우고, 물건들을 집어던지던 때가, 큰소리로 화를 내고 막말을 하며 손찌검할 때가 더 괜찮았던 것 같았어요.

왜 아픈 엄마를 도와주지도 않는지, 왜 엄마와 어린 동생은 때리지 않고 유독 나에게만 못되게 구는지 온통 이해할 수 없는 것들이었어요. 그래서 혼자 방 안에서 소리 없이 울면서 다짐했었죠. 내 억울함을 위해서라도 "절대 용서하지 말고 이 순간을, 이 감정을 잊지 말자!"

그렇게 저는 병들어갔어요. 자존감이 없어서 항상 우울했고, 학교에서도 친구들에게 환영받지는 못한 것 같아요. 스스로를 지키고 싶어서, 책만 읽었어요. 책 읽는 걸 좋아하지 않았지만 혼자인 저 스스로를 지키려

다 보면, 매년 학급 문고 전체 책을 3번 정도씩은 읽게 되었죠.

모태 신앙이었기에 당신께 울면서 기도도 참 많이 했었는데, 그땐 내 하나님은 없는 것 같았어요. 왜 응답해주지 않냐고 불평만 했죠. 교회에서조차 저는 사랑받기 어려운 사람이었어요.

철없고 예민한 사춘기 시기임은 알지만, 찬양팀이던 저는 따돌림의 대상이 되었고 그대로 무너지고 말았어요. 트라우마로 자리 잡아 그 이후로는 찬양을 소리 내어 부르지 못했어요.

오로지 탈출만을 위해 독하게 공부해서 대학에 왔어요. 처음엔 너무 행복했어요. 새로운 환경, 새로운 사람, 억지로 밝고 사교적으로 성격을 바꾼 새로운 나. 모든 게 완벽할 줄 알았는데 욕심이었을까요. 저는 여전히 우울한 사람이었고, 달라진 게 있다면 사람들은 제 어두움을 모른다는 것이었죠. 그렇게 우울과 불면이 극에 다다라, 어느 날은 50시간을 눈뜨고 있기도 했어요.

그러다가 마지막 기회라고 생각하고 다시 새로운 교회를 찾아갔어요. 그때부터 아빠가 조금씩 용서되기 시작했어요. 주님이 나에게 해주신 말, 나에게 아빠를 보낸 게 아니라 아빠에게 날 보내셨단 말. 한 끗 차이인

말이지만 엄청난 위로였어요. 아빠를 먼저 세상에 보내고, 이토록 어렵고 힘든 아빠임에도 불구하고 나쁜 길로 엇나가지 않는 딸. 그 자리를 버틸 수 있는 자격으로 저를 선택했다는 그 말을 깨달았을 때의 충격과 소름은 태어나서 처음 느껴본 것이었어요…

2017. 08. 21. 월요일 4:06 A. M.

우리는 부모님과 다른 가해자를 탓할 것만이 아니라 이미 하나님의 사랑을 받은 우리가 그런 부모님을 품어야 해요. 더 나아가 그렇다면 이런 질문을 신앙적으로 계속 던져야 해요.

"나는 어떤 부모가 될 것인가?"
"나는 어떤 자녀가 될 것인가?"

좋은 자녀가 되려고 하면 좋은 부모가 저절로 되고, 좋은 자녀로 교육을 하게 돼요.

아내는 시부모님에게 일주일에 7번 전화해요. 시부모님에게 전화하는 것이 그렇게 쉬운 일은 아니에요. 그런데 왜 매일 매일 전화하려고 할까요? 며느리 된 도리로 부모님을 사랑하여 안부를 묻는 거예요. 손주들의 자라는 모습을 보여드리며 적적하게 사시는 노부모님들에게 기쁨을 주려고 하는 거예요.

우리가 좋은 자녀가 되는 것을 주님께서 기뻐하세요. 이런 노력 자체를 주님께서 산제사로 받으세요. 바울은 이런 영적 산제사를 드리라고 했어요. 영적 산제사는 교회 안에서 예배 때 주님을 찬양하고 말씀을 듣는 데서 끝나는 것이 아니에요. 삶의 현장에서 우리의 영성을 보이며 사랑할 수 없는 부모님도 사랑하는 것이에요.

부모님 중에 존경할 수 없는 부모님이 계실 거예요. 우리가 그리스도의 사랑을 베풀어야 해요. 그 부모님이 변화되도록 해야 해요. 참사랑을 맛보고 달라지도록 해야 할 책임이 우리에게도 있기 때문이에요.

10

방언을
꼭 해야 하나요?

    고등학교 시절 교회에서 찬양팀을 했어요. 매주 토요일 오후 찬양팀 원들이 함께 모여 기도하고 연습하며 주일을 준비했어요. 하루는 교회에 나온 지 얼마 되지 않은 한 친구가 찬양팀 모임에 참석한 일이 있었어요. 모임은 평소와 다름없이 진행되었어요.

    몇몇 학생들은 통성으로 기도하고 몇몇 학생들은 소위 알아들을 수 없는 방언으로 말을 했어요. 초신자였던 친구는 기도하는 모습, 특히 방언으로 말하는 모습을 보고 큰 충격을 받았어요. 다행히 그 모습을 부정적으로 보지는 않았어요. 기도회가 끝난 후, 친구들이 신의 아들로 보였다고 웃으며 말했어요.

교회에 처음 나온 사람은 성도들이 방언하는 모습을 보고 문화 충격(?)을 받기도 해요. 어떤 사람은 '나도 믿음이 자라 방언을 해야지'라고 생각하기도 해요. 방언을 높은 수준의 믿음을 가진 자들의 기도 모습으로 이해하는 사람은 방언하기를 사모하며 구하기도 해요.

이런 일도 있었어요. 한 여집사님이 설교 동영상을 보았는데요. 설교자가 오늘날에는 방언이 없다고 했어요. 그래서 저에게 "방언이 없다고 하는데 이단이 아닌가요?" 질문해 온 적이 있어요.

연속성과 불연속성

사실 방언은 복잡한 문제예요. '성경에 방언이 있는데 왜 복잡한 문제일까?'라고 생각할 수도 있어요. 하지만 방언은 그렇게 쉽게 생각할 문제가 아니에요. 특별히 신약성경에 명시된 은사가 오늘날 모두 존재하는 것은 아니에요.

예를 들어, '사도'의 문제를 생각해보죠. 성경 시대에 사도가 존재했지만 오늘날에도 사도가 존재한다고 할 순 없어요. 2000년대 들어서 미국 풀러신학교의 교회 성장학 교수였던 피터 와그너는 오늘날에도 1세기에 존재했던 사도가 존재할 수 있다며 신사도운동을 주장했어요.

그러나 사도는 보냄을 받은 자라고 단순하게 정의할 수 있는 단어가 아니에요. 예수님이 많은 제자 중 직접 선별하여 세우셨다는 특수성이 있어요. 사도들의 정신은 계승할 수 있지만, 그 특수성까지 이어진다고 할 순 없어요.

이처럼 성경에 나오는 은사가 오늘날 모두 존재하지는 않아요. 연속성과 불연속성이 있어요. 어떤 은사가 연속적이고 불연속적인지는 따지기는 매우 어려워요.

오늘날의 방언을 이해하는 것도 이와 같은 맥락에서 이해해야 해요. 현 시대에 "방언이 있느냐 없느냐"를 따지기보다 "방언을 꼭 해야 하나요?"라는 물음에 단순 명료하게 결론 내릴 수 있어요. 이 질문은 성경이 말하는 방언은 무엇인가를 고민하면 해결할 수 있어요.

방언은 곧 기도?

방언에 대한 가장 큰 오해는 방언을 기도의 형태로 이해한다는 점이에요. 사실 오늘날 교회에서의 거의 모든 형태의 방언이 기도라고 생각해요. 그러나 방언에 대한 구체적인 기록이 있는 사도행전과 고린도전서에서 방언으로 기도한다는 구절은 딱 한 구절(고전 14:14)만 나와요. 나머지는 방언으로 말한다고 기록되어 있어요.

여기 기록된 '방언으로 말한다'를 기도로 국한해서 해석할 순 없어요. 의사 전달, 설교 등 다양한 형태를 띨 수 있어요. 심지어 고린도전서 14장 14절에 기록된 방언으로 하는 기도는 문맥상 개인기도가 아닌 공적인 기도로 이해해야 해요. 즉 성경에는 개인이 방언으로 기도하는 구절은 찾을 수 없어요.

외국어인가 비밀인가?

방언의 문제에서 논란이 되는 핵심은 '언이 외국어 인가 아니면 인간이 알아들을 수 없는 언어인가' 하는 점이에요. 이 부분은 사도행전에 나오는 방언과 고린도전서에 나오는 방언을 나눠서 생각해볼 수 있어요. 먼저 사도행전 2장에 기록된 방언을 살펴볼게요.

사도행전 2장 1-11절

1. 오순절 날이 이미 이르매 그들이 다같이 한 곳에 모였더니

2. 홀연히 하늘로부터 급하고 강한 바람 같은 소리가 있어 그들이 앉은 온 집에 가득하며

3. 마치 불의 혀처럼 갈라지는 것들이 그들에게 보여 각 사람 위에 하나씩 임하여 있더니

4. 그들이 다 성령의 충만함을 받고 성령이 말하게 하심을 따라 다른 언

어들로 말하기를 시작하니라

5. 그 때에 경건한 유대인들이 천하 각국으로부터 와서 예루살렘에 머물러 있더니

6. 이 소리가 나매 큰 무리가 모여 각각 자기의 방언으로 제자들이 말하는 것을 듣고 소동하여

7. 다 놀라 신기하게 여겨 이르되 보라 이 말하는 사람들이 다 갈릴리 사람이 아니냐

8. 우리가 우리 각 사람이 난 곳 방언으로 듣게 되는 것이 어찌 됨이냐

9. 우리는 바대인과 메대인과 엘람인과 또 메소보다미아, 유대와 갑바도기아, 본도와 아시아,

10. 브루기아와 밤빌리아, 애굽과 및 구레네에 가까운 리비야 여러 지방에 사는 사람들과 로마로부터 온 나그네 곧 유대인과 유대교에 들어온 사람들과

11. 그레데인과 아라비아인들이라 우리가 다 우리의 각 언어로 하나님의 큰 일을 말함을 듣는도다 하고

예수님이 부활, 승천하신 후 제자들이 함께 모여 기도하다 성령의 임재를 경험했어요. 동시에 방언으로 말하기 시작했어요. 주위에 있던 다른 나라 사람들이 그 소리를 듣고 깜짝 놀랐어요. 갈릴리 사람들이 자기 나라의 언어로 하나님의 일을 말하는 것을 들었기 때문이에요. 이

처럼 사도행전에 기록된 방언은 인간이 알아들을 수 없는 언어가 아닌 명백한 외국어예요.

두 번째는 고린도전서에 나온 방언이에요. 이 부분에서 논쟁이 많아요.

"방언을 말하는 자는 사람에게 하지 아니하고
하나님께 하나니 이는 알아 듣는 자가 없고 영으로 비밀을 말함이라"

(고린도전서 14:2)

이 구절만 놓고 보면 방언은 영으로 하나님께 하는 알아들을 수 없는 말이에요. 하지만 방언이 알아들을 수 없는 말이라는 사실을 인정하지 않는 사람들은 이 구절의 문맥에 집중해요.

바울은 고린도전서 14장을 고린도 교회가 방언의 은사를 남용하고 있음을 비판하는 논조로 전개하고 있어요. 때문에 14장 2절을 문자 그대로 받아들이기보다 반어법으로 이해해야 한다고 지적하죠.

위와 같이 현 시대에 방언이 있느냐 없느냐에 대한 논의는 상당히 복잡하게 이뤄져요. 우리는 방언의 유무보다 한국교회에서 일어나는 대다수의 방언 현상이 과연 건강하고 성경적인가에 집중해야 해요. 다 괜찮다고 받아들이기는 어려워요.

방언은 성도라면 누구나 해야 하는가?

제가 실제로 집회 현장에서 들은 방언에 대한 가장 잘못된 가르침은 방언이 곧 성령받은 증거라는 주장이에요. 바울은 오히려 성도가 모든 은사를 받는 것은 아니라고 말해요.

> "다 병 고치는 은사를 가진 자이겠느냐 다 방언을 말하는 자이겠느냐 다 통역하는 자이겠느냐"
>
> (고린도전서 12:30)

또한 통역이 없으면 교회의 질서를 위해 오히려 방언할 것을 금하고 있어요.

> "만일 누가 방언으로 말하거든 두 사람이나 많아야 세 사람이 차례를 따라 하고 한 사람이 통역할 것이요 만일 통역하는 자가 없으면 교회에서는 잠잠하고 자기와 하나님께 말할 것이요"
>
> (고린도전서 12:27-28)

바울은 사도행전에서 외국인들이 갈릴리 사람들이 방언함을 보고 놀란 것처럼 방언은 믿지 않는 자들을 위한 표적이라고 했어요. 따라서 방언이 교회에서 남용될 경우 역기능을 가진다고 지적해요.

> "그러므로 방언은 믿는 자들을 위하지 아니하고 믿지 아니하는 자들
> 을 위하는 표적이나 예언은 믿지 아니하는 자들을 위하지 않고
> 믿는 자들을 위함이니라 그러므로 온 교회가 함께 모여
> 다 방언으로 말하면 알지 못하는 자들이나 믿지 아니하는 자들이
> 들어와서 너희를 미쳤다 하지 아니하겠느냐"
>
> (고린도전서 14:22-23)

성경이 말하는 방언에 대해 살펴보았을 때, 방언은 모든 성도가 받는 은사가 아니에요. 오히려 오늘날 한국교회 안에서 벌어지는 방언 현상이 건강한지 꼼꼼하게 따져봐야 해요.

성령의 열매는 방언이 아닌 사랑, 희락, 화평, 오래 참음, 자비, 양선, 충성, 온유, 절제예요(갈 5:22-23). 성도는 '방언을 할 수 있느냐 없느냐'보다 성령의 열매를 맺으며 살아가는지 점검하는 것을 우선순위에 두고 신앙생활 해야 해요.

11
원본이 없는 성경을 어떻게 신뢰할 수 있나요?

성경, 원본이 없다!

성도들과 성경에 대해 이야기를 하던 중 "현재 신·구약 성경 원본은 없습니다!"라고 말하면 의외로 많은 사람이 깜짝 놀라요. "네? 원본이 없어요? 그럼 우리가 가지고 있는 건 뭔가요?" 번역본에 대한 질문도 많이 받아요. "성경은 하나인데 왜 번역이 다양한가요?" 혹은 "왜 이렇게 다양한 성경이 있나요?"

현재 우리는 모세, 여호수아, 바울, 베드로 등 성경의 원저자가 직접 쓴 원본을 가지고 있지 않아요. 이유는 간단해요. 고대에는 종이의 질이 떨어졌기 때문에 시간이 지나면서 종이가 손상되었어요. "하나님께서 자신의 말씀을 보존할 수 있지 않느냐"라고 반문할 수도 있어요.

충분히 그렇게 생각할 수 있어요. 하나님은 그만한 능력을 가진 분이시기도 하니까요. 그러나 현재까지의 상황으로만 본다면, 하나님은 자신의 특별한 능력으로 원본을 '보존' 하지 않으셨어요.

필사와 오류

말씀을 보존하기 위해 필사, 즉 베껴 쓰는 작업이 필요해요. 많은 사람이 하나님의 말씀을 읽기 위해서도 필사가 필요했어요. 필사는 하나님의 명령이기도 했어요.

> "그가 왕위에 오르거든 이 율법서의 등사본을
> 레위 사람 제사장 앞에서 책에 기록하여"
>
> (신명기 17:18)

사람들은 수차례, 여러 세기에 거쳐 말씀을 필사하고 또 필사했어요. 이러한 과정을 거치면서 자연스레 사본이 많아졌어요. 인쇄술이 발명되기 전까진 손으로 필사하는 것이 말씀을 보존하는 방법이었어요.

문제는 필사 과정이었어요. 주후 9세기 이전의 사본들은 대문자로만 이루어진 문장을 띄어쓰기 없이 기록했어요. 고도로 훈련된 서기관들조차 필사 과정에서 혼란을 겪을 수밖에 없었어요. 현실적인 문제도 있었어요. 값비싼 종이 값을 충당하기는 어렵고, 교회의 수가 증가하면서 성경을 필요로 하는 곳들이 많아졌어요. 띄어쓰기도 없는 대문자로 계속 필사하는 건 쉬운 일이 아니었어요.

이러다가 사람들은 소문자와 띄어쓰기를 고안해 사용하기 시작했어요. 하지만 이 같은 방법이 필사 과정에서 발생하는 오류를 모두 막지는 못했어요. 한글 성경을 필사하거나 굳이 성경이 아닌 다른 것을 베껴 써 본 경험이 있다면 필사 과정에서의 오류는 자연스러운 현상임을 알 수 있어요. 필사 과정에서 성경 본문이 변개되었어요.

본문의 변개는 '우연한 변개'와 '고의적인 변개'로 나뉘어요. 중복되는 단어나 문장을 빠트리거나 동일한 문장을 두 번 필사하기도 했는데요. 이것이 대표적인 우연한 변개예요.

필사자들이 의도적으로 본문을 수정한 고의적 변개도 있었어요. '의도적으로 하나님의 말씀에 손을 댔다고?'라고 생각할 수 있지만 이해를 돕기 위해 한 가지 예를 들어볼게요.

> "선지자 이사야의 글에 보라 내가 내 사자를 네 앞에 보내노니
>
> 그가 네 길을 준비하리라 광야에 외치는 자의 소리가 있어 이르되
>
> 너희는 주의 길을 준비 하라 그의 오실 길을 곧게 하라
>
> 기록된 것과 같이"
>
> (마가복음 1:2-3)

위 본문에는 오류가 있어요. 3절은 이사야 40장 3절의 기록이지만 2절은 이사야의 말씀이 아닌 말라기 3장 1절 말씀이에요. 이 오류를 발견한 필사자는 '선지자 이사야의 글에'를 '선지자들의 글에'로 기록했어요. 이처럼 필사자들은 본문의 내용이 틀리거나, 문법이나 교리적으로 오류가 있을 때 혹은 추가적인 설명이 필요한 경우 본문을 수정했어요.

필사본이 늘어갈수록 필사본끼리 일치하지 않는 단어와 문장이 늘어가기 시작했어요. 필사 과정에서 사본 간에 발생한 다른 문장을 '이문'이라고 해요. 신약성경은 약 13만 8천 개의 헬라어 단어가 사용되었다고 알려져 있어요. 그런데 사본들 사이에 약 40만 개의 이문이 있다고 해요. 신약만 이 정도니 구약까지 합치면 엄청난 양의 이문들이 있는 셈이겠지요.

오류를 극복하는 방법

성서학과 사본학을 연구하는 학자들은 사본들과 이문들을 비교·분석해요. 그래서 어떤 문장과 단어가 더 원본에 쓰일 만한 것인지를 찾아가는 작업을 해요. 이를 원문비평 혹은 본문비평이라고 해요. 원문비평에는 중요한 몇 가지 원칙이 있어요.

1. 가장 오래된 시기의 사본을 지지한다.
2. 지리적으로 가장 널리 퍼져있는 사본을 지지한다.
3. 짧거나 가장 짧은 본문을 지지한다.
4. 성경 저자가 가진 신학과 사용한 문체, 어휘에 적합한 것을 지지한다.
5. 애틱 헬라어(고급 헬라어)보다는 코이네 헬라어(보편 헬라어)를 지지한다.

이 중 가장 중요한 것은 오래된 시기의 사본을 지지하는 거예요. 후대의 사본일수록 원문과 멀어지는 것은 '상식'이에요. 때문에 사본에 대한 권위는 보편적으로 '연도'에 따라 부여돼요.

1947년 2월, 중요한 사건이 발생했어요. 아랍계열의 한 베두인이 잃어버린 염소를 찾다가 동굴 안에서 가죽 두루마리가 담긴 항아리를 발견했어요. 이후 동굴을 주변으로 발굴 작업이 10여 년 동안 이뤄지면서 수백 개의 사본(성경 외에도 외경, 위경 등도 포함)들이 발견되었어요.

사해 주변 지역에서 발견되었다 하여 사해 사본(혹은 두루마리)이라고 하는데, 이때 발견된 문서는 무려 B.C. 200년경부터 A.D. 130년경에 제작된 것으로 알려져 있어요.

사해 사본의 발견은 사본학 연구에 전환점이 되었어요. 기존에 가지고 있던 사본들보다 훨씬 오래된 사본을 발견하여 원문에 가까운 성경을 번역할 수 있게 된 셈이지요. 현재 학자들은 99% 원문에 가까운 성경을 번역했다고 평가해요. 1% 역시 지금까지 밝혀진 성서의 진리를 크게 벗어나는 내용은 아니에요.

없음?

개역성경을 읽다보면 (없음)이라고 표기된 구절을 발견하게 돼요. 이 (없음)을 보면서 많은 사람이 왜 성경에 (없음)이 있는지 의아해해요. 그리고 자신이 가지고 있는 성경의 권위에 의문을 품기도 해요.

결론부터 말하면 (없음)은 고의로 누락하거나 삭제한 것이 아니에요. 원래 성경에는 장, 절이 없었어요. 장, 절은 독자의 편의를 위해 만들어 졌어요.

구약은 1227년 영국 캔터베리 대주교 스티븐 랭턴이 장을 나눴어요. 독자의 편의를 위해 본문에 숫자가 매겨진 것은 1551년 스테파누스의 네 번째 성경이 처음이었어요. 오늘날 성경은 1560년에 판 제네바 성경의 장, 절 구분을 따르고 있어요.

스테파누스가 절을 표시할 때 있었던 일부 본문은, 더 우수한 사본으로 원문비평을 한 결과 후대에 추가되거나 삽입된 것으로 드러나 절을 빼게 되었어요. 그러나 절 하나가 빠졌다고 숫자를 다시 매길 수는 없어 (없음)으로 표시하고 난외주를 달아 '어떤 사본에는 (어떤) 구절이 있음'으로 처리했어요.

현재 한국에서 가장 많이 사용되는 개역개정에는 13개 구절이 (없음)으로 표시 되어 있어요(마태복음 17:21, 18:11, 23:14; 마가복음 9:44, 9:46, 11:26, 15:28; 누가복음 17:36, 23:17; 사도행전 8:37, 15:34, 28:29; 로마서 16:24). 때문에 (없음)은 성경이 오류가 있다는 증거가 되지는 않아요.

하나님의 영감으로 된 성경

원본이 없는 상태에서 '우리에게 주어진 성경을 어떻게 신뢰할 수 있는가'를 설명하기 위해 사본에 대해 간략하게 알아보았어요. 그런데 원본이 없는 성경을 신뢰할 수 있는 결정적인 근거는 따로 있어요. 바로 "모든 성경이 하나님의 감동으로 되었다"라는 하나님의 말씀이에요.

> "모든 성경은 하나님의 감동으로 된 것으로 교훈과 책망과
> 바르게 함과 의로 교육하기에 유익하니"
>
> (디모데후서 3:16)

성경은 하나님의 감동 즉 영감으로 기록되었어요. 영감은 '숨을 내쉰다', '숨을 불어넣는다'라는 뜻이에요. 성경은 하나님이 저자에게 숨을 불어넣듯 자신의 말씀을 계시를 통해 알리셔서 기록하게 하셨어요.

중요한 것은 성경의 저자가 하나님의 말씀을 기계적으로 받아쓰지 않았다는 점이에요. 하나님은 성경의 저자가 가지고 있는 지식, 문체, 스타일 등을 그대로 사용하셨어요. 저자로 하여금 자신의 말씀을 한 글자도 오류 없이 기록하도록 신비한 방법을 사용하셨어요.

이를 '유기적 축자 영감'이라고 불러요. 하나님의 섭리 속에서 그분의 말씀을 담고 있기에 성경을 '하나님의 자기 계시' 혹은 '기록된 하나님의 말씀'이라고 불러요. 성경을 신뢰할 수 있고 권위를 부여하는 이유는 성경이 하나님의 말씀이기 때문이에요.

중세 시대 로마 가톨릭은 성경을 자국어로 번역하는 작업을 불법으

로 간주해 종교재판을 열고 번역자들을 처형하기도 했어요. 그럼에도 성경은 하나님의 섭리 속에서 수많은 사람들의 수고와 헌신을 통해 세대를 거쳐 전달되어 오늘에 이르렀어요. 이 성경이 하나님의 자기 계시이자 기록된 하나님의 말씀이라는 사실을 믿고, 힘써 읽고 묵상하고 지키고 살아야 해요.

12
종말이 온다는데, 어떻게 살아야 하나요?

시한부, 시한부적, 조건부 종말론 이단들

    1992년 10월 28일, 자신들이 하늘로 들림 받는다는 '휴거'를 주장했던 한 단체가 있었어요. 한국의 주요 방송사들은 그들의 광신적인 집회 현상을 생방송으로 보도했어요. 그날 24시. 아무런 일도 일어나지 않았어요.

    신도들은 말없이 뿔뿔이 흩어졌죠. 이 단체는 바로 '다미선교회'로 당시 사회를 한동안 시끌벅적하게 했어요. 다미선교회의 교주 이장림 씨는 자신들이 공중에 재림하시는 예수님을 영접한다고 했어요. 자신들이 공중에 있는 동안 이 땅에서는 7년 동안 대환난이 일어난다고 말했어요. 이 기간 동안 성경에 기록된 적그리스도가 유럽공동체의 통합 대통령으로 나타나는데 그로 인해 전 세계의 인구 중 50억 명이 사망한다고 주장했죠.

이장림 씨는 헌금을 내고 영생을 받아야만 휴거할 수 있다고 신도들을 미혹했어요. 신도들은 재산을 처분해 다미선교회에 바쳤어요. 그 액수가 10억이 넘었어요. 이장림 씨는, 자신은 1992년 10월 28일 휴거를 확신했다고 주장했어요.

그러나 이 씨가 1993년 5월 22일에 만기 되는 환매채를 사들인 사실이 들통났어요. 당시 서울지방검찰청은 이장림 씨를 사기 및 외환관리법 위반으로 구속했어요. 이장림 씨는 징역 1년을 선고받고 출소 후 '뭐답게' 살겠다며 이름을 '이답게'로 개명했어요.

이처럼 종말의 날짜를 정한 사설을 '시한부 종말론'이라고 해요. 한국 사회에서 가장 대표적으로 시한부 종말론을 설파하는 집단은 하나님의교회예요. 이곳은 안상홍(사망)을 하나님으로 믿고, 장길자를 어머니 하나님으로 믿는 하나님의교회세계복음선교협회(하나님의교회)예요. 하나님의교회는 1988년부터 2012년 사이 여러 차례 종말이 온다고 주장했어요.

또한 핵전쟁으로 지구가 멸망한다며 신도들에게 공포심을 심었어요. 동시에 하나님의교회 건물 안으로 들어오면 안전하다고 가르쳐 신도들로 하여금 많은 건축헌금을 유도해 재산을 갈취했어요.

시한부 종말론 외에도 날짜는 정하지 않지만 대략 어느 시점에 종말이 온다고 주장하는 시한부적 종말론이 있어요. 어떤 조건이 충족되어야 종말이 온다는 조건부적 종말론도 있고요.

세칭 이요한 구원파로 알려진 생명의말씀선교회(대한예수교침례회)의 이요한 씨는 자신이 살아있을 때 예수님이 다시 오신다고 설교하면서 전형적인 시한부적 종말론을 설파했어요.

신천지예수교증거장막성전(신천지)은 신도 14만 4천 명이 채워지면 신천지 시대가 열린다고 주장했어요. 그러다가 신도 수가 실제로 14만 4천 명을 넘어서자 말을 바꾸었어요. 전 세계의 종교를 신천지로 대통합하고, 전쟁 종식을 위한 국제법을 제정하기 전에는 영생은 없다는 황당한 주장을 펼치며 교리를 수정했어요. 어떤 조건을 내세운 조건부 종말론이죠.

최근 몇 년간 한국 사회에는 한국에 전쟁이 일어난다는 예언들이 있었어요. 동시에 특정지역을 종말의 때에 피난처로 삼아야 한다고 주장하는 개인 혹은 단체들이 일어나 물의를 일으켰어요.

은혜로교회의 신옥주 씨는 피지를 마지막 때의 피난처라고 주장하며 신도들을 이주시켜 왔어요. 지난 2018년 8월 25일 SBS 〈그것이 알고 싶다〉에서 이 단체의 충격적이고 반사회적인 실상이 드러나 시청자들을 경악케 했지요.

사실 이런 그릇된 종말론은 현시대에만 있지 않았어요. 극단적 신비주의를 표방했던 2세기경 몬타누스는 하늘의 예루살렘이 특정 마을로 내려와서 천년왕국이 시작될 것이라는 주장을 펼쳤어요. 16세기에 멜키오르 호프만이라는 사람은 스트라스부르(프랑스)가 14만 4천의 본부가 될 것이라고 말했어요. 한국 사회에 자리 잡은 지 100년이 넘은 제칠일안식일예수재림교회(안식교)는 미국의 윌리엄 밀러의 시한부 종말 주장 실패 이후 일부가 분파를 형성해 시작한 이단이에요.

종말에 대한 오해가 발행하는 이유는?

위에서 언급한 종말론 이단들은 역사 속에서 나타난 다양한 종말론 이단의 극히 일부에 불과해요. 왜 사람들은 종말론 이단을 형성하거나 거기에 매료될까요?

먼저 종말에 대한 오해 때문이에요. '종말' 하면 마지막 때를 떠올리고, '종말론' 하면 마지막 때에 일어날 일들을 다루는 학문이라고 생각해요. 사실 문자적으로는 맞지만, 무작정 옳다고 하기도 어려운 부분이에요.

종말 하면 떠오르는 성경 본문이나 요한계시록은 특정한 시기에 일어날 특정한 사건을 기록한 내용이 아니기 때문이에요. 종말에 대한 오해는 '마지막'이라는 문자에 대한 집착과 예수님께서 재림할 시점에 일어날 '특정한 일'을 찾아야 한다는 강박관념에서부터 시작돼요.

미지의 영역인 종말의 때를 성경이 다양한 상징과 비유로 감추어 놓았기 때문에 그것을 찾아야 한다는 생각을 가진 자들이 많아요. 요한계시록의 상징이나 비유를 지나치게 현시대에 끼워 맞춰 해석해 자신들만이 말세의 비밀을 안다는 주장, 검증 불가능한 황당한 음모론으로 공포심을 조장해 신도들을 통제하는 것이 종말론 이단의 전형적인 특징이에요.

말세에 대한 오해도 그릇된 종말론을 가지게 하는 이유예요. 말세는 예수님이 오시기 직전의 몇 년 혹은 몇십 년을 이야기하지 않아요. 그 이유는 말세란 예수님의 승천부터 재림 사이의 기간을 의미하기 때문이에요. 초대교회 성도들도 말세를 살았고, 지금 현재 성도들도 말세를 살고 있어요.

실제로 초대교회 성도들 중 다수가 자신이 살아있을 때 예수님께서 다시 오실 것이라고 굳게 믿었어요. 그래서 현재의 삶에 큰 의미를 두지 않거나 심지어 직장을 그만두거나 일을 포기하는 사람도 있었어요. 교회 안에 재산이 어느 정도 있는 사람들은 그런 사람들의 생계를 책임져야 하는 기형적인 현상이 일어나기 시작했어요. 그래서 베드로는 하나님의 시간과 인간의 시간이 다르다고 이야기했어요.

> "사랑하는 자들아 주께는 하루가 천 년 같고 천 년이 하루 같다는
> 이 한 가지를 잊지 말라 주의 약속은 어떤 이들이 더디다고
> 생각하는 것 같이 더딘 것이 아니라 오직 주께서는 너희를 대하여
> 오래 참으사 아무도 멸망하지 아니하고
> 다 회개하기에 이르기를 원하시느니라"
>
> (베드로후서 3:8-9)

10년, 100년, 1,000년이 긴 시간처럼 보여도 하나님은 시간 속에 있는 분이 아니에요. 말세가 마치 종말을 앞둔 몇 년인 것처럼 미혹한다면 성경을 왜곡한 속임수이니 주의하고 분별해야 해요.

시대적 배경을 무시한 성경 해석, 특히 요한계시록에 대한 오해 역시 다양한 종말론 이단을 낳는 데 일조했어요. 요한계시록은 계시록 2-3장에 기록된 일곱 교회에 사도 요한이 보낸 회람 서신, 즉 돌려서 읽은 편지예요.

당시 편지를 수신하던 교회가 있는 지역에는 오늘날로 치면 우체국

이 있었어요. 상식적으로 편지를 상대방이 이해하지 못하게 쓰는 경우가 있을까요? 당연히 없겠지요. 요한계시록에 기록된 다양한 비유나 상징은 당시 수신자들이 충분히 이해할 수 있는 내용이었어요.

그런데 오늘날 종말론 이단들은 요한계시록이 자신들만 이해할 수 있는 것이라고 주장해요. 그런 오해 속에서 계시록에 나오는 666을 베리칩(인체에 삽입하는 칩)이라는 둥, 일곱 머리 열 뿔이 유럽연합이라는 둥의 엉뚱한 해석이 나와요.

리처드 보캄은 저서 〈요한 계시록 신학〉에서 "요한계시록에 대한 오해들, 특히 그 책의 많은 부분이 1세기 독자들에게 전달된 것이 아니며 그리고 그것들이 다만 후기 세대들만이 이해할 수 있는 것이라고 추정하는 오해들은 요한계시록이 하나의 서신이라는 사실을 무시하는 데서 비롯된다"라고 놓치지 말아야 할 중요한 지적을 했어요.

아무도 모르는 종말의 때

예수님은 자신이 재림하시어 이루어지는 종말의 때를 아무도 모른다고 말씀하셨어요.

"그러나 그 날과 그 때는 아무도 모르나니 하늘의 천사들도."

(마태복음 24:36)

"아들도 모르고 오직 아버지만 아시느니라"

(마가복음 13:32)

특정 일자 혹은 어느 시점을 종말의 때라고 주장하는 것은 예수님의 가르침을 정면으로 배척하는 행위라는 사실을 잊어서는 안 돼요. 성도들이 고민해야 할 것은 종말의 '때'가 아닌 종말을 바라는 '태도'예요. 성경에는 종말의 때가 도적같이 임한다고 기록하고 있어요.

"주의 날이 밤에 도둑 같이 이를 줄을

너희 자신이 자세히 알기 때문이라"

(데살로니가전서 5:2)

"그러나 주의 날이 도둑 같이 오리니 그 날에는 하늘이 큰 소리로

떠나가고 물질이 뜨거운 불에 풀어지고

땅과 그 중에 있는 모든 일이 드러나리로다"

(베드로후서 3:10)

성도들은 하나님의 백성답게 살기 위해 늘 깨어있어야 해요. 주님의

다시 오심을 굳게 믿어야 해요. 동시에 "풀은 마르고 꽃은 시드나 우리 하나님의 말씀은 영원히 서리라 하라"(이사야 40:8) 말씀을 마음에 새기는 종말론적 신앙을 가져야 해요.

현재 한국교회와 사회는 종말론 이단의 득세로 몸살을 앓고 있어요. 이러한 현상이 일어나는 가장 큰 이유는 교회가 요한계시록과 성경적 종말론을 체계적으로 가르치지 않는 데 있다고 볼 수 있어요.

요한계시록이 정경에 포함된 하나님의 말씀인데도 다른 성경에 비해 읽는 횟수가 현저하게 적다는 데 대부분 동의해요. 소아시아 일곱 교회에 전하는 메시지인 요한계시록 2-3장 이후의 본문으로 설교를 들어본 적이 없다는 성도들의 하소연을 심심찮게 듣곤 해요.

종말은 하나님의 계획이 성취되는 '소망'인데도, 요한계시록을 대하는 대부분의 성도가 '공포'를 느낀다고 토로해요. 이단들이 이런 틈을 놓칠 리 없기 때문에 그릇된 종말론이 성행해요. 성도들 스스로가 성경이 말하는 말세, 종말에 대해 바르게 이해하기 위해 노력해야 해요. 교회는 성도들이 바른 종말론을 정립할 수 있도록 체계적인 교육을 해야 해요.

13
천국과 지옥을 모두 보고 왔다는데, 정말인가요?

〈천국에서 돌아온 소년〉(원제: *The Boy Who Came Back From Heaven*)이라는 책이 크게 유행했던 적이 있었어요. 미국에서 베스트셀러가 되고, 이후, 한국에서도 출간 2주 만에 3만 부 이상이 팔리며 인기몰이를 했어요.

이 책을 출간한 한국의 출판사는 독후감 공모전을 개최하기도 했어요. 그런데 2015년 1월, 저자 알렉스 말라키는 책의 내용이 거짓이라고 고백했어요. 말라키는 자신은 천국에 간 적이 없으며, 천국에 다녀왔다고 주장할 당시 성경을 읽어본 적도 없다고 말했어요.

시중에는 천국과 지옥을 다녀왔다는 주장을 담은 책이 많아요. 소위 천국 지옥 간증이라는 타이틀의 집회 역시 자주 목격돼요. 사람들은 이 간증에 환호(?)하기도 하고, 한편으론 "정말일까?" 의문을 품기도 해요. 천국과 지옥 간증은 신뢰할 수 있을까요?

결론부터 내리면, 천국 지옥 간증은 신뢰하기 어려워요. 그 이유가 몇 가지 있어요. 첫째, 천국과 지옥을 체험했다는 사람들은 성경 이상의 것을 말하고 있어요. 성경이 천국과 지옥에 대해 기록한 것보다 상세하게 그곳을 묘사해요. 이는 사람들로 하여금 성경보다 간증자의 말에 더 높은 권위를 부여하게 만들어요.

성경이 침묵하는 것을 상세하게 설명하고, 그것을 수용하는 자체가 성경보다 간증에 권위를 둔 행동이에요. 하나님은 무질서의 하나님이 아니에요. 성경이 침묵하는 문제에 대해 연구하고 사유할 필요는 있지만 성급하게 결론을 내려서는 안 돼요. 특히 그 근거가 개인적 체험이어서는 더더욱 안 돼요.

둘째, 천국과 지옥 간증 중에는 상당히 비성경적인 내용들이 발견돼요. 한 성도로부터 은혜되는 천국 간증이라며 인터넷 주소가 링크된 문자를 받은 적이 있어요. 간증자는 천국 간증으로 꽤나 유명세를 타는 목사였어요.

내용 중에는 천국에서 만난 하나님이 성령님은 경배받으실 대상이 아니라고 알려주셨다는 부분이 있었어요. 성령님을 경배받으실 분이 아니라고 한다면 개신교의 핵심 신앙 고백인 삼위일체를 부정하는 이단이에요. 오랜 기간 주일학교 선생님으로 봉사했던 성도가 보내준 문자여서 참 안타까웠어요.

천국에 대한 오해 바로잡기

천국 지옥 간증과 관련하여 다양한 반박이 가능하겠지만, 반드시 짚고 넘어가야 할 부분이 있어요. 많은 성도가 가진 천국에 대한 인식은 성경이 말하는 천국과 달라요. 대부분의 천국 지옥 간증자들은 천국을 '죽어서 가는 저 하늘 어딘가의 영역'으로 묘사하고 있어요. 성도들도 그렇게 받아들여요. '천국은 예수님을 믿는 자들이 죽어서 가는 곳 아닌가? 거기서 영원히 사는 거 아니야?'라고 생각할지 모르지만, 반은 맞고 반은 틀려요.

그리스도인들은 죽은 후 영혼이 '하늘'에서 하나님과 함께하지만, 그곳에서 영원히 거하지는 않아요.

천국을 헬라어 그대로 번역하면 '하늘나라' 예요. 우리나라는 성경이 중국을 거쳐 들어오면서 하늘나라를 천국 혹은 천당이라고 번역했어요. 이 과정에서 천국을 죽어서 영혼이 들어가 영원히 거하는 곳이라는 장소적인 개념으로 이해하기 시작했어요.

하지만 간과하지 말아야 할 것이 있어요. 성경에서 천국과 동의어로

쓰인 단어가 있는데, 바로 '하나님의 나라'예요. 다음 병행구절들을 살펴보면 좀 더 확실히 알 수 있어요.

A 이 때부터 예수께서 비로소 전파하여 이르시되

회개하라 천국이 가까이 왔느니라 하시더라

(마태복음 4:17)

A´ 이르시되 때가 찼고 하나님의 나라가 가까이 왔으니

회개하고 복음을 믿으라

(마가복음 1:15)

B 예수께서 이르시되 어린 아이들을 용납하고 내게 오는 것을

금하지 말라 천국이 이런 사람의 것이니라 하시고

(마태복음 19:14)

B´ 사람들이 예수께서 만져 주심을 바라고 자기

어린 아기를 데리고 오매 제자들이 보고 꾸짖거늘

(누가복음 18:15)

C 예수께서 그 어린 아이들을 불러 가까이 하시고 이르시되

> 어린 아이들이 내게 오는 것을 용납하고 금하지 말라
>
> 하나님의 나라가 이런 자의 것이니라
>
> (누가복음 18:16)

마태복음의 저자 마태는 의도적으로 하나님 나라를 '하늘나라'라는 표현으로 대신했어요. 그 이유에 대해 학자들은 '유대인은 하나님의 이름을 망령되이 일컫지 말라'는 계명 때문에 하나님의 이름을 입에 올리지 않기 때문이라고 했어요. 마태는 마태복음의 1차 독자인 유대인을 의식해 '하나님을 하늘로 대체했다'라고 설명하는 것이지요. 하지만 이것도 명확한 설명은 아니에요.

마태복음을 살펴보면 '하나님 나라'는 4번 나와요. '데오스' 즉 '하나님'이라는 단어는 40회 이상 사용돼요. 즉 마태는 결코 '하나님'이라는 단어를 의도적으로 피하지 않았어요.

토마스 슈라이너라는 신약 학자는 조나단 페닝턴의 연구를 인용해 〈신약신학〉에서 이렇게 말했어요. "마태복음에서 하늘과 땅의 보다 흔한 용례는 하나님의 뜻과 방법을 따르는 삶과 사람의 기준을 따르는 삶을 대조하는 것"이라며 "마태는 하나님의 길을 사람의 길과 비교하기 위해 의도적으로 하늘과 땅을 사용한다"라고 지적했어요. 정리하면 마태가 특정한 의도를 가지고 하나님 나라를 하늘나라로 기록했고 이것이 한글 성경에 천국으로 번역되었을 뿐이에요. 하나님 나라와 천국은

같은 의미의 동의어예요.

이미 임한 하나님 나라

하나님 나라의 원어적인 뜻은 '하나님의 왕국'이에요. '나라'는 헬라어 βασιλεία(바실레이아)로서 '왕권'과 '통치'의 의미를 가져요. 하나님 나라는 장소적 개념이 아닌 통치의 개념으로, 하나님의 신적 통치를 말해요. 예수님은 하나님 나라 즉 하나님의 통치가 이미 임했다고 말씀하셨어요. 하나님의 나라와 천국이 동의어라면, 천국은 이미 왔다는 결론에 이르러요.

> "바리새인들이 하나님의 나라가 어느 때에 임하나이까 묻거늘
> 예수께서 대답하여 이르시되 하나님의 나라는 볼 수 있게 임하는
> 것이 아니요 또 여기 있다 저기 있다고도 못하리니
> 하나님의 나라는 너희 안에 있느니라"
> (누가복음 17:20-21)

하루는 바리새인들이 예수님께 질문했어요. "하나님의 나라가 어느 때 임하겠습니까?" 질문의 배경이 중요해요.

잠깐 이스라엘의 역사를 거슬러 올라가 보지요. 사울과 다윗, 솔로몬이 40년씩 120년간 다스린 통일왕국 이스라엘은 분열되었어요. 솔로몬의 아들은 르호보암 때에 북왕국 이스라엘과 남왕국 유다로 나뉘게 되었어요.

북이스라엘은 B.C. 722년 앗수르에 의해, 남유다는 B.C. 586년 바벨론에 의해 멸망했어요. '유대인'은 바벨론이 유다에서 잡혀온 사람들을 구별해 부르면서 생겨난 말이었어요. 유대인들은 바벨론 이후에 메대인과 페르시아에 지배를 받다가 헬라(그리스), 이후에는 그리스에서 갈라진 왕국 중 톨레미, 셀류쿠스에 의해 차례로 통치를 받았어요.

잠깐 독립적인 왕조를 구축했으나 이내 로마의 지배를 받게 되죠. 신약의 배경은 로마의 압제에 있을 때예요. 이처럼 굴욕의 역사 속에서 유대인들의 한 줄기 희망은 메시아의 도래였어요.

유대인들은 메시아의 등장과 함께 하나님 나라, 즉 하나님의 통치가 눈에 보이고 웅장하게 임한다고 믿었어요. 이들에게 메시아는 로마의 압제로부터 자신들을 구원하고 메시아 왕국을 세우는 영웅이었어요.

유대인들은 메시아로 인해 이 세계에 유대인의 왕국이 건설될 것이라고 기대했어요. 유대인들은 이런 배경을 가지고 예수님께 질문했어요. "하나님의 나라가 언제 임하나요?"

예수님은 유대인들의 생각을 완전히 뒤집어버리는 대답을 하셨어요. "하나님의 나라는 너희 안에 있느니라." 이 구절을 잘못 이해한 사람들은 하나님 나라가 우리 마음에 있다고 해요.

하지만 문맥을 살펴보면 전혀 다른 결론을 얻을 수 있어요. 예수님의 대답은 바리새인들을 향해 있어요. 하나님 나라가 바리새인들의 마음속에 있을리 없어요. 이는 번역상의 문제예요. 너희 '안에(in)' 보다 너희 '가운데(among)'가 자연스러운 번역이에요.

당시 상황을 머릿속에 그려보면 이해가 쉬워요. 바리새인들은 예수님을 둘러싸고 질문했어요. 그런 바리새인들을 향해 너희 가운데 있다고 대답하셨어요.

즉, 예수님 자신을 말씀하신 것이에요. "예수님, 하나님 나라가 언제 임합니까?", "야! 여기저기 둘러보지 마라. 여기 있잖아!"

예수님의 오심과 동시에 하나님 나라가 임했어요. 유대인들은 메시아가 오면 하나님 나라가 도래함으로 자신들을 구원하고 이 시대가 '끝난다'고 생각했어요. 유대인들은 철저하게 자신들의 세계관에 입각해 메시아에 대한 그릇된 이해를 가지고 있었어요.

예수님은 당시 유대인들이 오해에 사로잡혀 있다고 말씀하시며 그들의 신념과는 전혀 다른 메시아상을 말씀하셨어요. 이는 결국 유대인들이 예수님을 메시아로 믿지 않고 죽음으로 내몬 결정적인 이유였어요. 가시적으로 웅장하게 하나님 나라가 임할 줄 알았던 유대인들을 향해 예수님은 하나님 나라 즉 천국이 이미 임했고, 점점 확장된다고 하신 거예요.

아직 완성되지 않은 하나님 나라

하나님 나라가 이미 임했지만 완성된 것은 아니었어요. 이것이 중요해요. 복음서는 분명히 하나님 나라의 미래성에 대해 이야기하고 있어요. 예수님은 하나님 나라가 임했다고 하시면서도 곳곳에서 하나님 나라의 미래성에 대해 말씀하셨어요.

"나라가 임하시오며"

(마태복음 6:10, 상)

"또 너희에게 이르노니 동 서로부터 많은 사람이 이르러

아브라함과 이삭과 야곱과 함께 천국에 앉으려니와"

(마태복음 8:11)

공관복음에 나타난 하나님 나라는 현재인 동시에 미래를 말해요. 이미 임한 하나님 나라의 현재성과 앞으로 임할 하나님 나라의 미래성 사이의 간극을 잘 표현한 신학 용어가 '이미 그러나 아직'이에요. '하나님

나라가 이미 임했지만, 아직 완성된 것은 아니다'라는 뜻이에요.

하나님 나라를 확장한다고 해서 전 세계를 복음화하거나 모든 사람이 예수님을 믿게 만든다는 뜻은 아니에요. 소위 오늘날에도 사도가 존재한다고 주장하는 신사도운동가들은 세상을 일곱 영역으로 나누어 일곱 산이라 지칭해요. 이들은 돈을 이용해 일곱 산을 정복함으로 하나님 나라를 이 땅에 이룰 수 있고, 이것이 예수님의 재림을 앞당기는 일이라고 주장해요.

그러나 그 반대예요. 점진적으로 확장되던 하나님 나라는 예수 그리스도가 다시 오실 때 완성돼요. 완성될 하나님 나라(혹은 천국의 극치), 즉 예수 그리스도를 통해 구원받은 백성이 최종적으로 거할 장소를 성경은 새 하늘과 새 땅이라고 기록하고 있어요(이사야 65:17, 66:22; 베드로후서 3:13; 요한계시록 21:1). 새 하늘과 새 땅이 예수 그리스도를 구원자로 믿는 성도들이 최종적으로 거할 장소예요.

예수님의 재림 전에 죽은 그리스도인들은 의식이 있는 상태에서 복락을 누리며 새 하늘과 새 땅의 도래를 기다려요. 이를 중간 상태라고 해요. 예수께서 재림하시면 죽은 자들이 먼저 부활하고 살아있는 자들이 부활체로 변화돼요. 또한 지구는 완전히 파괴되는 것이 아니라 새로운 모습으로 변화돼요. 이를 만물의 총체적 갱신과 회복이라 불러요.

천국에 대한 오해가 낳은 폐단

천국에 대한 오해는 몇 가지 폐단을 낳았어요. 많은 교회가 천국의 현재성을 간과하고 죽어서 가는 장소로만 설명했기 때문이죠. 그곳에 들어가기 위한 매뉴얼과 기계적인 도식을 만들었어요. "지금 죽어도 천국에 갈 수 있나요?" 같은 질문이 가장 대표적이에요.

천국을 '죽어서 가는 나라'라고만 생각하는 한국교회 구성원들의 사고방식은 이 땅을 살아가는 그리스도인으로서의 책임을 현저하게 떨어트리는 세계관을 형성할 위험성이 있고, 이미 팽배한 세계관이기도 해요.

많은 사람이 '죽으면 지옥 아니면 천국인데, 난 예수 믿었으니까 천국에 가', '난 어차피 구원받았어. 다만 교회에 다니니까 남들보다 선하게, 착하게 살아야지?' 정도로 생각해요.

하지만 위에서 살펴보았듯, 예수 그리스도가 오심으로 하나님 나라가 임했어요. 이 나라는 가시적으로 눈에 보이게 웅장하게 나타나는 것이 아니라 아주 작게 임했어요. 하나님 나라는 이미 왔지만 아직 완성되지 않았어요. 장차 예수 그리스도가 재림하셔서 완성될 것이라는 비전을 발견한 사람들을 통해서 확장돼요.

우리는 현재 '이미'와 '아직' 사이의 긴장관계 속에 살고 있어요. 성경은 이 긴장관계 속에서 살아가는 그리스도인의 삶이 어떠해야 하는지 수없이 강조해요.

지옥 간증 이대로 좋은가?

지옥 간증에 대해서도 간략하게 생각해볼게요. 지옥을 다녀왔다고 간증하는 사람들의 공통점은 지옥에서 고통받는 자들의 모습을 생생(?)하게 묘사하는 데 있어요. 가장 활발하게 천국 지옥 간증을 해온 모 집사의 책에는 다음과 같은 기록이 있어요.

"얼마 동안 자살자의 눈을 파먹었던 새들이 이제는 동시에 날아왔던 곳으로 가버리는 것이었다. 그와 동시에 수많은 마귀가 자기들이 지키고 있는 곳으로 돌아가더니 '창'으로 마구 찔렀다. 아주 뜨거운 열기가 우리에게 엄습했다. 그리고 그 주변을 살펴보니 수천 개의 가마솥이 끓고 있는데 얼마나 큰지 한 솥에 수십 명은 들어가고도 남았다. 물은 부글부글 끓고 있었고 사람들은 마치 돼지고기 삶는 것처럼 그 속에서 삶아지고 있었다."

예장통합교단 이단대책위원회는 이 간증을 두고 묘사가 모순적이며 비성경적이고 유치하기까지 하다고 평가했어요.

지옥은 우리의 이성을 벗어나는 부분이에요. 그리스도인의 최종 권위는 성경인데, 성경은 지옥에 대해 자세하게 묘사하고 있지 않아요. 물론 천국도 마찬가지고요. 따라서 지옥을 보고 그 모습을 전하는 간증은 성경을 벗어난 하나의 특별한 계시가 되고 말아요. 하나님은 현시대에 성경 외에 특별한 계시를 주심으로 성경의 권위를 흔드시는 무질서한 분이 아니에요.

개인적인 체험은 일반화시킬 수 없어요. 그 체험이 건전한 것인지도 검증하기 어려워요. 또한 천국 지옥 간증은 대부분 천국에 대한 오해를 일으켜요. 성경에도 없는 지옥의 모습을 묘사하는 데 여념이 없어요.

이 같은 간증을 듣기 위해 집회를 열고 강사를 세우는 일이 발생해서는 안 돼요. 성경에 천국과 지옥이 있다고 기록되어 있는 것을 믿는 것으로 충분해요.

14

믿는 사람들은
왜 사고를 많이 치나요?

(신문과 뉴스 헤드라인에 나오는 명성교회 세습,
목사님의 성추문 사건들, 교단 총회장 선거 비리 등등)

각종 사건 사고들

TV나 뉴스에 목사님들의 성범죄나 재정에 관련된 스캔들이 종종 보도되곤 해요. 그런 뉴스가 매스컴을 탈 때마다 믿는 자로서 얼굴을 들지 못할 만큼 민망함과 답답함을 느껴요. 때론 답답함과 안타까움을 넘어 분노를 자아내게 해요. 믿는 우리도 이렇다면, 하나님을 믿지 않는 사람들은 어떨까요?

2018년 일어난 명성교회의 세습은 지상파 TV의 메인뉴스에 단골소

재가 될 만큼 뜨거운 논란을 일으켰어요. 아들에게 교회를 물려준 김삼환 목사님은 설교 중 이렇게 말했어요. "이제 저는 아들에게 가장 무겁고 큰 십자가를 물려줍니다."

그러나 누구도 그 자리를 십자가라고 생각하지 않을 거예요. 시골에 있는 작은 미자립 교회나 오지(선교지)에 있는 개척교회같이 누구도 선뜻 가기를 꺼리고, 힘든 사역지라면, 십자가라는 의미에 동의했을 거예요.

실제로, 그런 열악한 사역지에서는 사역자 구하기가 무척 힘들어요. 매년 헌금이 1,000억 원이나 된다는 초대형교회의 아버지가 아들에게 넘겨준 자리는 튼튼한 재정과 힘, 그리고 명예까지 있는 선망의 자리예요. 이것은 믿는 사람들이나 믿지 않는 사람들이나 모두 잘 알아요.

그러므로 아버지 목사님은 '십자가'라는 단어의 의미를 심하게 왜곡시켰고, 실제로는 아들에게 좋은 자리를 물려주고 싶은 욕심만 드러났어요.

2017년 청소년사역 분야에서 알려진 라이즈업 대표 이동현 목사는 자신이 가르치던 여고생을 수차례 성폭행했다는 것이 밝혀져 사회와 교계에 큰 물의를 일으켰어요. 교단에서 제명당했지만, 공소시효 만료로 사법처리를 받지는 않았어요. 그러나 성폭행 당했던 피해자의 인터뷰가 많은 뉴스와 매스컴을 통해 알려지자, 다시 한번 한국교회는 많은 사람들에게 큰 실망을 안겨주게 되었어요.

　청소년사역으로 유명했던 문대식 목사도 여러 명의 여학생들을 성폭행, 성추행한 죄목으로 구속되었고, 2018년 최종적으로 6년의 징역형을 받았어요. 그런데 놀라운 것은 법정에서 문대식 목사는 무죄를 주장했어요. 법적으로는 피해자들과 연인 사이였기 때문에 성폭행이 아니라는 거예요. 그래서 피해자들에게 용서를 구하는 것은 고사하고 사과도 없었죠. 그러나 유부남이 미성년자인 여학생 다수와 관계를 했다는 것만으로도 더 이상 변명의 여지가 있을 수 없어요.

　청년사역으로 유명했던 전병욱 목사도 몇 해 전 다수의 여자청년들과의 성문제로 교회를 사임했어요. 역시 피해자들에게 공식적으로나 비공식적으로 사과를 하지 않았어요.
　최근에는 인천의 한 교회에서 청소년 담당목사가 중고등학교에 다니는 여학생들을 어려서부터 그루밍 성폭행을 했다고 뉴스에 나왔어요.

　그러니, 기독교를 '개독교'라 부르고 욕하는 불신자들에게 우리가 할 말이 없어요. 실제로 저희 교회에 다니는 한 청년은 원래 불신자였는데, 가장 큰 이유는 뉴스에 나오는 목사님들의 사건 사고 때문이었다고 했어요. 교회는 절대 가면 안 되는 이상한 곳으로 생각했었다고 해요.

직장 내에 사목을 두어 많은 직원들을 전도한 이랜드 그룹의 박성수 회장은 수년간 수만 명의 직원들 근무시간을 반 내림하여, 임금을 삭감하는 임금 꺾기를 했어요. 매년 직원들의 임금 수십억 원을 뺏은 거예요. 게다가 연차수당·휴업수당·연장수당·야간수당 등도 지급하지 않았어요.

또한, 중소 의류업체의 디자인을 무차별 베끼기를 하였고, 수천 명의 비정규직 직원들을 가차 없이 해고해 많은 가정에 생계의 위기를 안겨줬어요. 박 회장은 이미 개인 재산이 1조 원정도 된다고 하는데 말이에요.

박 회장은 신실한 신앙인이라 알려져 기독교방송에도 수차례 출연한 한 교회의 장로이고, 그 교회 담임목사님의 설교와 책에도 훌륭한 크리스천으로 수차례 소개됐던 사람이에요. 그러나 회장님의 십일조가 많아질수록 자기 월급과 생계를 뺏긴 당사자들은 심한 분노를 느꼈을 거예요.

이러한 기독교인들을 보면서, 믿지 않는 사람들이 이렇게 말해요.

"믿는 사람이 더 하다."

도대체 왜 그런걸까요?

답은 간단해요. '땅의 것이 위의 것보다 좋아서!'

성경은 "위의 것을 생각하고 땅의 것을 생각하지 말라"고 말해요(골 3장 2절).

그러나 이 말씀과는 정반대로 땅의 것만 생각하는 기독교인들이 많은 것 같아요.

위의 것(하나님)보다 땅의 것이 더 좋은 거예요 . 땅의 것에 익숙해져 버린 거죠. 그러다보니, 어느새 위의 것은 잊어버렸어요. 다르게 표현하면 머리만 커졌지 심령은 여전히 변화되지 않았어요.

얕은 믿음 - 제자 됨의 실패

고 옥한흠 목사님께서 이렇게 말씀하셨어요.

"한국교회가 지금 왜 이렇게 고통을 당하고 있는가? 왜 이렇게 진통하는가? 사람을 만들어내는 데 투자하지 않았기 때문이다.
이것은 성경공부를 시키지 않았다는 말이 아니다. 새벽기도를 통해서, 구역예배를 통해서 주일학교를 통해서 얼마나 많이 성경을 가르쳐 왔는지 모른다.

그러나 머리를 향해서만 망치질했을 뿐 그 심령을 변화시키지 못했다."

이 세상에 소금과 빛으로 부르심 받은 존재임에도, 우리는 부르심에 합당하게 살아가지 못하고 있는 안타까운 현실을 살고 있어요. 처음부터 그러진 않았겠지만, 어느 순간 우리는 본질을 잃어버리고, 세상 앞에서 지탄을 받는 존재가 되었어요.

고등종교가 타락하면 나타나는 현상이 3가지가 있다고 해요. 첫 번째, 성직자들이 늘어나고 두 번째, 그들이 일 해야 하는 일터, 사찰이든, 교회이든 종교시설이 늘어나요. 마지막으로 이해집단화, 즉 집단 이기주의적인 모습이 되어가는 것이라고 해요. 지금 한국교회는 이 3가지가 다 나타나고 있어요.

우리를 부르신 하나님께서는, 세상에서 소금과 빛으로, 썩어가는 세상을 변화시키고, 밝게 비추라는 사명을 주셨는데, 그 사명과는 무관한 모습이 되었어요.

얼마나 슬프고 안타까운지 몰라요. 이제는 언제부터 이렇게 됐는지 가늠할 수 없을 정도예요.

미래 기독교 전문가 최현식 목사님은 〈미래교사 마인드셋〉에서 이렇게 말했어요.

"성경 어디에도 성경공부만으로 이 땅을 변화시킬 수 있다고 말하지 않는다!" 성경말씀은 우리 삶을 관통할 때 능력으로 드러난다. 예수님이 지상에서 하신 마지막 말씀은 "가르쳐 지키게 하라"였다. 말로만이 아니라 삶으로 가르쳐야 한다. 배운 만큼 살아내고 가르치고 전하는 것이 우리의 사명이다.

한국교회는 이제 방향을 전환해야 하는 시점에 와 있다. 이제껏 말씀을 받아들이기만 하는 화초 안에 머물러 있었다면 이제 과감히 박차고 세상으로 나와야 한다.

신앙교육의 핵심이라 할 수 있는 '제자 됨'을 삶의 현장 가운데서 훈련해야 한다. 신앙인의 삶이 무엇인지 현실에서 부딪히고 깨지면서 체득해야 한다. 하나님이 원하시는 삶을 치열하게 살아내며 배워야 한다. 말씀이 삶에 뿌리내려야 비로소 진정한 교사라 할 수 있다.

고 옥한흠 목사님도 말했고, 최현식 목사님도 말했듯이 성경공부만으로 이 땅을 변화시킬 수는 없어요. 오히려 머리는 커지게 했을지 몰라도 안타깝지만 '신앙교육의 핵심이라고 말할 수 있는 제자 됨을 훈련' 시키지 못한 거예요.

수많은 일꾼들은 양성했을지 모르지만, 제대로 된 하나님의 사람들을 양성하지 못한 거예요.

〈주님은 나의 최고봉〉으로 알려진 오스왈드 챔버스는 "하나님께서 우리를 제자로 부르신 것은 예수 그리스도를 위한 헌신된 종이 되는 것"이라고 말했어요.

그런 하나님의 사람으로 세워가야 하는데 그렇게 하지 못한 안타까운 증거예요. 작금의 현실 속에서 우리가 알아야 하는 것은 단순히 비판을 위한 비판이 아니어야 한다는 거예요. 특별히 2018년은 한 초대형교회의 세습문제로 인해 마음 아파 한 한 해였어요.

"어떻게 그럴 수 있지?", "저럴 분이 아니었는데, 왜 저러시지?" 한탄이 나오기도 했어요. 세습에 대해서 남포교회 박영선 목사님이 〈믿음〉이라는 책에서 했던 이야기가 있어요.

"그런 멀쩡한 잘못을 할 리가 없다고 생각했는데, 존경받던 훌륭한 분들이 나이가 들더니 돌아버리더라고요. 나도 자신이 없습니다.
'나도 언젠가 돌아서 내 아들한테 준다 그러면 어떻게 하지?' 생각해보십시오. 타산지석이란 말도 있지 않습니까? 그분들이 한 시대 기독교 지도자로 존경받던 분들이라서 겁이 납니다.

그래서 몇몇 사람과 이런 약속을 했습니다.

만일 내가 그렇게 하거든 볼 것 없이 도끼로 찍어라."

그러나 누가 실제로 도끼로 목사님을 찍을 수 있나요? 설령 도끼로 찍는다고 문제가 해결될까요? 그렇다면 지금이라도 순교당하는 마음으로 도끼를 들겠지만, 그렇게 해도 바꿀 수 있는 건 아무것도 없어요. 그러니 어떻게 해야 할까요?

위의 것을 찾는 백 목사님

캐나다 에드몬튼에서 한인교회 사역을 하는 백승철 목사님이 있어요. 이분은 캐나다에서 은혜를 받아서 신학을 공부하고, 목사안수도 받았고요.

지금은 목회를 하면서, 에드몬튼에 있는 원주민 마을에 매주 목요일마다 찾아가세요. 이 원주민들은 평균수명이 약 40세예요. 왜냐하면, 정부의 원주민 말살정책 때문이에요. 이 정책으로 도시에서 멀리 떨어진 시골 외딴곳에 원주민들만 모여 사는 마을을 이루도록 하고, 담배와 술에는 세금을 안 붙였어요. 술 한 병에 800원, 담배 한 갑이 800원이에요. 거의 공짜죠.

결과는 알코올중독, 니코틴중독 마약 중독에 시달리다가 일찍 죽어요. 아이들은 학교를 안 가요. 13살, 15살 된 어린 여자아이들이 배가 불러있어요. 친척오빠가 성폭행하고, 삼촌이 성폭행을 한 거예요. 그런데 아이의 엄마 아빠가 마약과 술 중독에 빠져있으니 아이들을 방치하는 거죠. 원주민들은 도시에 나와도 취직이 잘 안 돼요.

백 목사님이 매주 목요일마다 원주민 마을에 가서 성경공부를 했어요. 매주 원주민이 9~10명 정도 오는데요. 3년째 성경공부를 하다 보니, 마을에 조금씩 복음이 들어갔어요. 그 성경공부 모임에서 한 원주민 청년은 성경공부를 하다가 예수님을 만났어요. 그러다 신학교까지 들어갔어요. 이 마을에 주일마다 예배를 드리는 교회가 세워졌고, 그 원주민 청년이 올해부터 설교를 하게 됐어요.

백 목사님은 한 사람이 예수님을 믿고, 리더가 되니까 날아갈 거 같았다고 말했어요. 매주 300km 운전해서 왕복하는 길이 즐겁다고 하셨어요. 변화된 원주민 청년(지금은 전도사님)과 5~6명의 원주민과 보내는 목요일이 가장 기다려진다고 했어요. 그곳에 간다고 알아주고 인정해주는 사람도 거의 없고, 기름값도 자비로 충당해야 해요. 하지만, 한 사람이 변화돼서, 마을에 교회가 세워지고, 사람들이 살아나니까 그곳에 가는 고속도로는 천국 길 같다고 해요. 이것이야 말로 위의 것을 바라보는 삶이에요.

이 땅의 것만 본다면, 원주민 마을에 가는 건 아무 도움이 되지 않아요. 목사님이 담임하시는 교회에 출석하는 원주민은 한 명도 없어요. 매주 300km를 운전하다보면 몸은 늘 녹초가 돼요. 기름값과 원주민을 위한 간식비도 자기 돈을 써야 하고요. 그렇지만 원주민 마을이 조금씩 하나님 나라가 되어가는 것이 보이니까 괜찮다고 여겨요. 사실, 괜찮은 정도가 아니죠! 날아갈 거 같죠! 위의 것, 하나님 기뻐하시는 일은 땅의 것이 줄 수 없는 기쁨이 있으니까요.

예수님을 만나기 전에는 백 목사님에게 원주민들은 한 번도 생각해본 적이 없는 남이었어요. 평생 상관이 없었을 분들이죠. 그러나 예수 그리스도와 함께 십자가에 옛사람은 죽고, 새사람이 되니까, 바라보는 방향이 바뀌었어요.

땅만 보다가 하늘이 보여요! 나와 내 가족만 보다가 이웃이 보여요! 이웃 중에 원주민들도 보이게 되었어요.

마귀의 전략

리처드 포스터의 책 〈돈, 섹스, 권력〉을 보면, 인간이 하나님으로 만족하지 못할 때 언제나 이 3가지를 찾는다고 말해요. 하나님으로 채워져야 할 곳이 채워지지 않으니까 다른 것(돈, 섹스, 권력)으로 채우려는 것이지요.

서두에 말씀드린 목사들이나 장로도 처음부터 땅의 것을 본 것은 아닐 거예요. 많은 열매를 맺었던 것은 분명 하나님께서 부어주신 은혜이자 눈물을 흘리며 씨를 뿌렸던 결과예요. 그러나 위의 것에 대한 열망이 시간이 갈수록 식었어요. 위의 것이 식어지면, 반드시 땅의 것을 찾게 돼요. 성령의 충만함이 덜해지면, 육체의 소욕이 우리 마음을 차지하게 돼요(갈 5:17).

육체의 소욕이 더해질수록 우리는 하늘을 향했던 고개가 땅으로 숙여져요. 그러다보면 땅의 것(돈, 섹스, 권력)이 더 좋아지게 돼요. 어느새 땅의 것만 보이게 되는데, 이것이 마귀의 전략이에요. 자꾸만 우리의 눈을 땅의 것에 현혹시켜요.

그래서 바울사도는 육체의 소욕과 성령이 대적한다고 했고, 성령을 따르라고 했어요(갈 5:16). 성령을 따라야 해요! 위의 것을 보면, 힘들 거 같고, 재미없을 거 같고, 너무 holy(성스러운)할 것만 같아 부담이 될 수도 있죠. 근데 아니에요! 재미있어요! holy한데, 진짜 기뻐요!

백 목사님이 종종 원주민과 성경공부 할 때마다 함께 찍은 사진을

페이스북에 올리는데요. 모두 활짝 웃으며 포즈를 취해요. 그 사진들을 보면, 참 좋아요. 가르치는 목사님도 배우는 원주민들도 진짜 좋아 보여요. 행복해 보이고, 기쁨이 충만해요. 위의 것을 찾은 사람들이니까요.

또 한 가지 중요한 것은 이러한 사건 사고를 우리의 문제로 받아들이는 것이에요.

사고 친 사람들만의 문제가 아닌 우리의 문제

문제 의식을 가지고 변화를 일으켜야 하는 현실 속에서 잊지 말아야 하는 것은 '나는 정직한데, 저 사람들이 문제다! 나는 떳떳한데, 저 사람들이 한국교회의 암적인 존재다!'라고 생각하며 너무 쉽게 정죄하고 비판하고 있다는 거예요. 오히려 그렇게 비판하는 사람들 중에 공의를 말하고, 정의를 말하지만, 주변 사람들에게 실수하고, 꼰대짓하는 안타까운 일들도 많이 봤어요. 나에게도 그들과 같은 모습이 있다는 것을 인정하는 것이 필요해요. 거기에 '기독교가 세상과 다른 모습이 분명 있다는 것을 삶으로 보여주는' 삶으로 가르치는 게 중요한 거 같아요.

우리는 모두 죄인이에요. 최근에 나온 베스트셀러 제목이 〈모두 거짓말을 한다〉였어요. 맞아요! 우리는 거짓말을 해요.

단지 티 안 나게 할 뿐이죠. 겉으로는 안 그런 척 하지만, 속으로 또는 안 보이는 곳에서 거짓의 행동과 말을 해요. 그래서 우리는 알 수가 없어요.

정의와 공의를 외치면서도 무너지기 쉬운 나를 발견해야 해요. 그것이 지금 우리의 모습이고, 나도 그렇게 겉과 속이 다른 모습으로 살아갈 수 있는 연약한 존재임을 인정해야 해요.

내가 이런 거짓과 무너지기 쉬운 존재임을 어찌 알 수 있을까요? 하늘을 바라보며 살아간다면서 땅의 것을 갈망하는 존재임을 어찌 분별할 수 있을까요?

제임스. K.A. 스미스의 책 〈습관이 영성이다〉에 보면 이렇게 말해요.

"당신이 사랑하는 바가 바로 당신이다. 당신이 욕망하는 바가 바로 당신이다."

내가 아무리 좋은 말을 하고, 좋은 책, 좋은 사상을 가지고 있다고 해도 그것이 나를 증명해주는 것이 아니라, 내가 사랑하는 것, 내가 욕망하는 것이 바로 나 자신임을 인식해야 해요.

"아무도 보지 않을 때 나의 행동이 바로 내 인격이다"라는 말처럼 내가 갈망하는 그것이 바로 나임을 자각하는 게 중요해요.

영화 〈동주〉의 명대사에서 말하고 있듯이 "부끄러움을 아는 것이 부끄러운 것이 아니라 부끄러움을 모르는 것이 진짜 부끄러운 것"이에요.

부끄러움을 알면 소망이 있어요! 한국교회가 욕먹고 있는 것을 내 일로 받아들여야 해요. 그래야만 희망이 있어요.

100주년 기념교회 이재철 목사님이 〈주님의 심판〉이라는 책에서 이렇게 말해요.

"모든 문제는 그리스도인들이 세상 사람들과 똑같이 최고가 되려 하는데서 파생됩니다. 최고가 되려고 하기 때문에 지성인들도 쉽게 불의와 타협합니다. 그리스도인들이 최고가 되려고 하기 때문에 신앙양심을 삶의 현장에서 거리낌 없이 짓버립니다. 최고라고 하는 것, 최고를 추구한다는 것이 욕망의 산물이기 때문입니다 하나님은 우리를 상대적으로 평가하지 않습니다.

우리가 한계가 있음에도 불구하고 우리 한 사람 한 사람을 절대적으로 평가하시는 분입니다. 그래서 우리가 주님께 우리의 한계 내에서 최선을 다할 때, 나는 보잘것없지만 주님께서는 나를 들어 한 시대를 새롭게 하시는 것입니다.

하나님께서 요구하시는 사람들은 최고의 사람들이 아니라 최선의 사람들입니다."

그래요. 최고가 아닌 우리의 최선이 중요해요.

이에 대해서 팀 켈러 목사님은 〈예수, 예수〉라는 책에서 이렇게 말했어요.

"초기 그리스도인들을 보면, 그들은 다른 사람에게 회심을 강요하지 않으면서 몸을 사리지 않고 섬겼다. 그들의 착한 행실은 당시 문화에서는 보상을 바랄 수 없는, 시대에 반하는 새로운 현상이었다. 로마인들이 자기 아기를 버릴 때 그리스도인들은 배수구나 쓰레기 더미에서 기다리고 있다가 아기들을 구했다. 이방인들이 회심을 강요하고 이방문화를 폭력으로 주입하려 할 때 그리스도인들은 신실하고 담대한 은혜의 복음의 증인이 되었다.

이것이 기독교가 지속적으로 유지된 비결, 무엇과도 비교할 수 없는 완전히 특별한 메시지

자신의 메시지를 위해 남을 죽이는 것이 아니라, 그 메시지를 위해 스스로 기꺼이 죽고자 하는 것 이것이 수 세기가 지나서도 기독교가 쇠퇴하

지 않은 이유이다."

지금도 우리 기독교인들이 이렇게 살면 돼요. 서울 관악구에 주사랑 공동체는 Baby Box 사역을 통해 버려진 아이들을 살리는 일을 하고 있어요. 부모도 포기한 아이들을 젖 먹이고, 따뜻한 옷을 입히고, 키우는 일을 하니까 많은 사람들이 큰 감동을 받아요. 무엇보다 이 일은 하나님께서 기뻐하시는 일이죠. 천하보다 귀한 영혼을 살리니까요. 이 일을 한다고 교회가 성장하지 못해요. 담임목사님이 설교 준비할 시간도 없어요. 이 일을 한다고 나라에서 지원해주지도 않아요. 그런데 이 일을 하니까 1년에 300명의 생명이 살아요. 그리고 이 일에 감동받은 사람들이 많아요. 영화까지 만들어졌어요. 왜냐면 온전히 위의 것을 위한 일이니까요.

더 이상 교회가 크고 작은 것이 중요하지 않아요. 교회는 위에 것을 찾기만 하면 돼요! 백 목사님이나 주사랑 공동체처럼요!

15
창조론이 정말 맞나요?

어디서부터?

예전에 KBS 다큐멘터리를 본 적이 있어요. 첫 장면은 영어를 잘하는 여러 명의 한국 사람들이 미국에서 한국행 비행기를 타는 장면이었어요. 어렸을 적 미국에 입양이 됐다가 성인이 되어 친부모를 찾기 위해서 한국을 방문하는 거였어요. 다들 미국에서 좋은 대학에 다니고 있거나 괜찮은 직업을 갖고 있었어요. 그런데도 친부모님을 찾으러 왔어요. PD가 그 이유를 물었어요. "왜 꼭 친부모님을 만나고 싶나요?"

이분들의 답은 다 똑같았어요. "내가 도대체 누군지 모르겠더라고요. 어려서부터 미국 부모님은 다 백인이고, 형제들도 다 백인인데, 저만 동양인이라 이상했거든요." 나중에 양부모님으로부터 입양된 사실을 들었고, 그전부터 이미 가슴에 큰 구멍이 하나 있었다고 해요. 그래서 '내가 어떻게 태어났고, 날 낳은 부모가 누군지 꼭 알아야겠다'고 생각했어요.

어디서부터 왔는지 모르니까 저 영혼 깊숙한 곳에서부터 답답했어요. 10명 정도가 한국에 왔는데, 대부분은 친부모님을 만나지 못했어요. 일단은 찾기가 어렵고, 막상 찾았어도 친부모님들이 장성한 자녀들 앞에 나서지 못했어요. 아이를 버렸다는 죄책감 때문이었지요. 그런데 그중에 한 청년이 한국인 친엄마, 친아버지, 그리고 친형까지 만났어요. 태어나서 30년 만에 처음 만났는데, 엄마는 아들을 보자마자 계속 "미안하다 미안하다" 대성통곡했어요. 다 큰 아들은 서툰 한국말로 "엄마, 엄마" 불렀어요. 모두 한참을 울고, 태어나서 처음으로 엄마, 아빠, 형과 같은 방에서 얘기를 해본 거죠.

입양된 아들이 가족에게 이런 말을 해요. "저랑 닮은 사람이 이렇게 많은 건 처음입니다." 그리고, 그날 밤 방송국 PD가 소감을 인터뷰했어요. "제가 왕이 된 것 같아요. 돈 벌어서 어머니께 효도할 거예요. 자주 찾아뵐 겁니다." 평생 찾아 헤맸던 친어머니와 가족을 만나니까 뻥 뚫렸던 가슴의 큰 구멍이 채워진 거예요.

이 세상에 태어나 살아가는 사람들 중에는 입양아의 예화처럼 부모를 끝내 만나지 못하고 이 세상에 어떻게 나왔는지 모르는 사람이 많아요. 어떻게 이 세상이 시작됐는지를 모르는 거예요. 날아가는 화살을 보고 있는데, 누가 그 화살을 쐈는지, 왜 그 화살을 쐈는지 모르는 거죠. 그냥 날아가는 화살만 보는 거예요. 사실은 그 화살이 우리의 인생이에요. 시작점을 모르니 방향을 잡지 못하고 흔들리는 거예요. 결국 불안한 영혼을 가지고 살아가게 되는 거지요.

과학이 해주는 답?

이 세상이 어디서부터 시작됐는지를 과학은 진화론을 통해 답해주려고 해요. 간단히 요약하면, 수십억 년 전에 우주가 폭발해서 수많은 별들(행성들)이 생겼다는 거예요. 그 수천억 개의 별 중 하나가 지구이고, 우연히 딱 적당한 거리에 태양이 있어서 생명이 생기기에 알맞은 온도가 유지되었다는 거죠.

게다가 지구엔 물과 공기가 있어서 자연발생적으로 아메바 같은 아주 작은 생명체가 생겼다는 거예요. 이렇게 처음 생겨난 생명체인 단세포가 점점 진화하고 진화해서 물고기가 되고, 개구리가 되고, 원숭이가 됐다고 주장해요. 심지어 원숭이가 사람으로까지 진화했다고 해요. 이 세상은 우연한 폭발로 생겨났고, 사람도 우연히 생겨난 동물이라고 주장해요. 이게 진화론이에요.

학교 다닐 때 이 진화론을 배우면서 굉장히 헷갈렸어요. 교회 오면 하나님이 세상을 만드셨다고 하고, 학교 가면 우연히 우주가 폭발해서 세상이 만들어졌다고 했어요. 양쪽의 상반된 가르침으로 많이 헷갈렸지만 진화론을 배울 때 우리가 원숭이로부터 진화됐다는 게 일단 기분 나빴어요. 말도 못 하는 원숭이가 우리의 조상이라니.

그런데 만약 이 세상이 우연히 우주가 폭발해서 생겨났다면, 사람은 원숭이(동물)와 다름이 없는 거죠. 죽으면 그냥 사라지는 거예요. 우연히 우주가 폭발해서 이 세상에 사람도 생겼다는 진화론은 우리를 부모가 없는 입양아로 만들었어요. 그리고 한 단어가 마음을 답답하게 해요. "우·연·히." 우주는 왜 폭발했나? 우연히! 어떻게 지구가 생겼나? 우연히! 사람은 어떻게 세상에 나왔나? 우연히!

가장 중요하고 핵심인 질문에 대한 답이 전부 '우연히'라고 해요. 이 말은 다시 말해 사실 모른다는 말이에요. 진화론에서 저는 가장 이해가 어려운 2가지를 나누고 싶어요.

빅뱅이론?

빅뱅이론

　김영한 목사님 양육교재 시리즈 중 〈201 바나바 양육〉에 빅뱅이론이 잘 적혀 있어요.

　1929년에 허블(Edwin Powell Hubble, 1889~1953)은 은하들의 적색 이동을 조사한 끝에 멀리 떨어진 은하일수록 더 빠르게 멀어지고 있다는 사실을 알아냈는데요. 여기서 나온 이론이 빅뱅이론이에요. 빅뱅이론은 우주 기원 이론에 관한 가설의 하나이며, 대폭발 우주론이라고도 해요. 우주의 최초기 상태에 엄청나게 높은 밀도와 온도의 상태 혹은 그 상태로부터 팽창함으로써 우주가 생겨났다는 이론이에요.

　빅뱅은 약 137억 년 전에 있었다고 해요. 먼 곳의 은하가 허블의 법칙에 따라 멀어지고 있다는 관측 사실을 일반 상대성 이론을 적용하여 해석하면, 우주가 팽창하고 있다는 결론이 얻어져요. 다시 말해, 모든 행성(지구를 포함한)은 처음에 폭발(빅뱅)을 통해 생겨났으며, 모든 생물체 또한 처음 폭발에 의한 것이라는 거죠.

　따라서 인간도 폭발로 생겨난 행성 중 하나인 지구에서 적당한 온도와 조건에 의해 우연히 생겨난 미생물이 진화하여 아메바(단세포 생물) → 고등생물 → 원숭이 → 인간. 이렇게 진화했다는 긴데요.

　여기서 가장 큰 문제는 우주가 폭발하는 처음 순간은 어떻게 증명할 수 있냐는 거예요. "누가 그렇게 폭발하도록 했나?", "왜 이런 폭발이 일어났으며, 이 세상이 지금 이렇게 생겨난 이유는 뭔가?"를 도저히 설명할 방법이 없다는 거죠.

빅뱅이론에 의하면, '우연히' 폭발 때문에 생겨난 파편이 모여, 지금 이 세상과 우주가 생겨났다는 거구요. 마찬가지로, 지구에 있는 모든 동식물도 우연한 폭발의 결과일 뿐이라는 거예요. 하나님을 빼놓고 이 이론만 따르자면, 사람이 죽고 사는 일도 그냥 파편 하나 없어지는 것과 같아요.

과학의 한계!

과학이 말하는 이론(theory)은 증명할 수 없다는 한계가 있어요. 예를 들어, 빅뱅이론이나 진화론 이론(theory)이 될 수밖에 없는 이유는 지금 일어나는 현상이 아니기 때문이죠. 무려 137억 년 전의 폭발, 수십억 년 동안 일어난 진화를 믿으라고 말하는 거예요.

그런데 증명은 어떻게 하나요? 본 사람이 없는데요. 그러니까 과학이 우리에게 하나님을 보지 못하면서 어떻게 창조를 믿느냐고 묻는다면, 우리도 똑같이 137억 년 전의 폭발을 본 적이 없는데, 어떻게 빅뱅을 믿느냐고 물어야 하는 거죠.

진화론도 수십억 년 동안 일어난 것을 본 적이 없으니 어떻게 증명하느냐고 물어봐야죠. 증명이 안 되니까 론(theory)이 돼요. 뉴턴의 만유인력의 법칙은 언제든 증명이 되니까 법칙이 될 수 있어요. 어디서든 사과를 손으로 잡았다 놓으면 땅에 떨어지는 법칙 말이에요. 그런데 가설을 세우고 여러 가지 증거를 찾았지만, 그 가설에 반하는 증거가 나오면 그 이론은 뿌리가 흔들려요. 실제로, 진화론을 지지하는 증거들만큼이나 진화론에 반하는 증거들도 많이 나왔어요.

그러므로 진화론이나 빅뱅이론이 과학적(scientific)이고, 논리적(logical)이라고 하기 힘들어요. 마찬가지로 창조론이 미신적이고, 비과학적이라고 단정 짓는 것도 전혀 과학적이지 않아요! 이론은 한계가 있어요!

창조론

과학 이야기는 여기까지만 하고, 이제 기독교를 얘기해보죠. 한마디로 기독교는 "이 땅에 모든 것은 우연이 아니라 목적이 있어 창조되었다!"라고 믿어요. 다시 말하면, 우연히 존재하는 것은 아무것도 없고, 다 하나님께서 손으로 직접 만드셨다는 거죠. 이게 믿음의 시작이고, 기독교신앙의 근본이에요. 성경의 첫 번째 문장은 다들 아시다시피 이 말씀이에요.

"태초에 하나님이 천지를 창조하시니라"

(창세기 1:1)

처음엔 완전한 무(無)의 상태, 온통 어둠인 상태에서 하나님께서 빛을 만드시고, 물도 만드시고, 동물과 식물도 만드셨다고 말해요. 처음 인간(아담, 하와)도 하나님께서 직접 만드셨어요.

진화론을 믿으면, 이런 기독교 믿음은 받아들일 수 없죠. 제가 대학원 재학 중 〈뉴욕 타임즈〉를 읽었는데, 한 베스트셀러 작가가 이런 글을 썼어요. "기독교인들은 미친 사람들이다. 어떻게 사람이 흙으로 만들어졌다고 믿는가? 어떻게 낙원인 에덴동산이 있고, 거기에 아담과 하와가 말을 하는 뱀과 같이 살았다고 믿는가? 기독교인들은 완전히 미친 사람들이다"

저는 안 미쳤고요. 제가 아는 기독교인들은 대부분 정상이에요.

설계자

　이제 말씀에 기반하여 기독교의 논리를 설명할게요. 다음의 내용은 창조과학회 김명현 교수님께서 강의 때 하신 말씀 중 일부분이에요.

　뜨겁게 태양이 내리쬐는 사막이 있는데요. 몇 시간을 걸어도 길을 지나는 사람을 만나려야 만날 수가 없는 곳이죠. 이 사막을 지나던 한 사람이 사막에서 롤렉스(Rolex) 시계를 주웠는데요. 1,000만 원짜리 시계를 주운 거죠. 그럼 이 시계는 왜 사막에 있는 걸까요?

　1번, 시간이 흐르면서 시계 부품들이 모여서, 시침과 분침이 붙고, 금장식이 붙고, Rolex 글자가 새겨져서 시계가 알아서 만들어졌다.

　2번, 먼저 지나가던 사람이 떨어뜨렸다.

　몇 번일까요? 2번이겠죠? 누군가 롤렉스 시계를 차고 다니다가 사막에서 떨어뜨린 거예요. 시계를 만든 사람이 있다는 얘기죠.

　현미경으로 바늘과 실을 수천 배 확대해서 보면, 엉망진창이에요. 사람이 만든 바늘과 실은 투박해요. 그런데 모기 눈은 그렇지 않아요. 아주 정교해요. 모기 눈을 확대해 보면 작은 눈알 수백 개가 기가 막힌 대칭과 굴곡을 이루고 있어요. 어느 면에서 보나 그 대칭과 굴곡이 일정해요. 이런 모양은 우연히 만들어질 수가 없어요. 모기의 다리를 보신 적 있나요? 모기 다리에 발톱도 있다는 걸 아시나요?

이 발톱은 사람의 피를 빨 때 살을 딱 찍는 용도예요. 모기에 물리면 따가운 이유이기도 하죠. 우리가 보통 알고 있는 모기 빨대(?) 때문이 아닌거죠. 모기의 눈에서부터 발톱에 이르기까지 모든 것을 만드는 것은 대단한 실력인 거지요.

눈송이를 자세히 보신 적이 있나요? 눈송이를 현미경으로 보면 결정체 모양이 수백 가지예요. 너무 예쁜 이 눈송이는 같은 모양이 하나도 없어요. 이 눈결정체가 1번, 우연히 이 모양으로 만들어졌을까요? 2번, 누군가가 만들었을까요? 2번이라고 생각해요. 그림을 보면 그것을 그린 화가의 존재와 대략적인 그의 면모를 알 수 있어요. 마찬가지로 눈송이를 예쁘게 만들고, 작은 모기를 만들어도 정밀하게 만드신 분이 계심을 부정할 수 없어요.

지금 눈앞에 큰 건물이 하나 있다고 상상해 봐요. 그 건물에는 설계도가 있고, 설계도에 그려진 그대로 인부들은 시멘트를 나르고, 자재를 날라서 건물을 지어요. 정확한 위치에 철골이 들어가요. 계단, 창문, 전기, 수도도 설계도면 위치에 따라 알맞은 자재가 들어가죠. 이렇듯 설계도는 반드시 그것을 만든 설계자가 있다는 거예요.

보잉 747 비행기 제트엔진에는 200만 개 부품이 들어가요. 그 정밀

한 부품도 설계도대로 들어가요. 부품이 한 개라도 빠지면 비행기 사고로 이어질 수 있기 때문에 제트엔진 설계도는 정교함의 극치라고 할 수 있어요. 제트엔진 설계도를 그린 설계자는 지극히 정교한 사람일 수밖에 없어요.

마찬가지로, 사람에게도 설계도가 있어요. 사람마다 DNA가 있는데 이것이 설계도라고 할 수 있어요. '눈은 쌍꺼풀이 있는 것으로, 코는 몇 cm 높이로, 눈썹은 몇 mm까지, 키는 얼만큼 자라게 해라' 등이 DNA에 기록되어 있어요. 그뿐만 아니라 '넘어져서 살갗이 까지면 그 위로 딱지가 올라와서 새살이 돋을 때까지 보호해라' 등 아주 세세한 내용이 빠짐없이 들어 있어요.

DNA에 기록된 정보는 그 내용만 따지면 백과사전 20조 권에 달하는 양이라고 해요. 아기를 임신하면 5주 차에 뭐가 생기고, 10주 차엔 발이 생기고, 도대체 이러한 설계도는 어떻게 만들어졌을까요? 1번, 우연히? 2번, 누군가가 만들었나요?

앞서 잠깐 설명했지만 우리는 그림을 보면 화가의 감성이 전달되지요. 반 고흐의 초상화를 보면 화가가 참 우울했던 거 같아요. 익히 알듯이 실제로 고흐의 초상화에는 한쪽 귀가 없어요. 절친했던 고갱과 싸운 후 화를 참지 못해 자기 귀를 가위로 잘랐기 때문이죠. 항상 가난과 병으로 고통의 시간을 보냈던 고흐는 이런 얘기도 남겼다고 해요. "나는 평생 비참하게 살다가 죽어갈 거야." 그런 고흐는 이러한 비참한 모습을 그렸어요.

이렇듯 그림을 보면 화가의 심정이 들어가 있어요. 그렇다면 이 세상을 만드신 분은 세상을 만든 후에 기분이 어떠셨을까요? 분명히 좋으셨을 거예요.

"하나님이 지으신 그 모든 것을 보시니 보시기에 심히 좋았더라"

(창세기 1:31)

만약 하나님께서 사람을 싫어하시고 지으신 것이 좋지 않았다면 맨 처음 만든 것은 지옥일 거 같아요. 극도로 뜨거운 열기에, 유독가스가 가득하고, 온 세상에 빨간색만 보이는 화성을 만들었을 거예요. 그래서 거기서 괴로워하고, 고통스러워하는 사람들을 보면서 고소해하셨겠죠. 그렇다면 그런 하나님은 믿기 싫은 존재예요.

그런데 하나님은 그러시지 않으셨어요! 처음 인간인 아담과 하와에게 에덴동산, 이 땅 위에 천국을 만들어주셨어요. 이게 복음이에요. 2017년 밴쿠버에 비전 트립을 갔었는데 로키산맥의 산과 들, 호수를 보니까 기가 막히게 좋았어요. 에메랄드 레이크의 보석 색깔의 물빛, 루이스 호수의 그림 같은 산과 호수, 컬럼비아 빙하를 밟고 빙하를 보면서 말문이 막혔어요. 너무 아름다운 걸 보니까 말이 안 나오게 좋은 거예요. 이 모든 것을 설계하신 그분은 참 좋은 분이세요. 그분이 하나님이라서 참 다행이라고 생각해요.

16
살인범을 왜 용서해주나요?

　영화 〈밀양〉을 보면 기독교는 참 이해가 안 됩니다. 자기 아들을 죽인 살인범을 용서하겠다고 감옥에 면회를 간 아이 엄마(전도연 분)에게 범인은 "하나님은 날 이미 용서해주셨습니다"라고 말합니다. 이런 미친 사람이 어떻게 기독교인입니까? 하나님은 왜 저런 뻔뻔한 살인자를 그리 쉽게 용서해주시는 건가요?

용서받지 못할 죄

영화 〈밀양〉에서 전도연 씨가 맡은 배역은 여주인공이에요. 33살에 남편을 잃고, 하나뿐인 아들과 함께 남편의 고향인 밀양에 내려가 피아노학원을 차리죠. 아픔을 잊으려 애쓰며 새로운 땅에서 잘 적응하고 지내던 어느 날 아들 준이가 납치를 당했어요. 유괴범이 연락해 와 준비하라고 한 돈을 준비했지만, 정작 준이는 살해당한 채 발견돼요. 거의 실성한 채로 살 이유를 잊어버린 어머니는 하루하루가 지옥 같아요.

그러다 범인이 잡히게 됐고, 유괴범은 바로 아들이 다니던 웅변학원 선생님이었어요. 유괴와 살인 혐의로 재판에서 무기징역을 선고받았지요. 큰 충격과 아픔 가운데 약국 주인의 전도로 교회에 나가기 시작한 어머니는 점점 신앙을 가지게 돼요. 나중엔 하나님께서 주신 은혜로 원수 같은 살인자를 용서하기로 마음까지 먹어요. 그래서 범인이 있는 교도소에 찾아가 면회실에서 아들을 죽인 범인을 만났어요. 근데 눈앞에 나타난 범인이 상상도 못 했던 한마디를 하죠. "하나님께서 이미 제 죄를 다 용서해주셨습니다."

그 순간 어머니는 거의 실신하면서 소리쳐요. "누가 용서를 해? 누가? 하나님이? 언제? 왜?" 그리고 감옥을 나온 어머니는 교회에 가 하나님께 통곡을 하면서, 물어요. "어떻게 용서해주셨습니까? 어떻게 저 악마 같은 놈을 용서해주십니까? 제가 아직 용서를 안 했는데, 어떻게 하나님은 용서를 해줘요?" 영화에서 그 피해자 어머니가 한 질문처럼, 하나님께선 어떻게 그런 살인자를 쉽게 용서해주실 수 있나요?

비슷한 예로 1992년에 온 나라를 충격으로 만든 지존파는 살인공장을 만들어 아무 죄 없는 사람들을 죽였어요. 6명의 청년들이, 부녀자나 부자라는 이유만으로 납치해 감금 폭행 고문을 하고, 성폭행까지 하고, 죽였어요. 게다가 시체를 잘라 냉장고에 보관하기도 하고, 시체를 불에 태우기도 했어요. 특별히 인간이 되기를 포기했다면서 인육을 먹기까지 했어요. 경찰에 체포되는 순간에도 카메라에 웃음을 보여주던 범인들의 모습은 전 국민에게 잊혀지지 않는 충격으로 남아있어요.

그런데 그런 지존파에게 복음을 전한 기독교인들이 있어요. 계속해서 편지로 예수님을 전했어요. 더 놀라운 것은 지존파 멤버들이 하나님을 믿었다는 것이죠. 편지를 통해 옥중에서 이제는 자신들이 '하나님의 종'이 되었다고 고백을 했어요. 사형이 확정된 다음에는 다른 재소자들에게 복음을 전했대요. 예배를 드릴 때 눈물을 흘리며 은혜받는 지존파의 모습. 그런데 그 모습을 받아들이기가 어려워요. 하나님이 정말 용서하셨을까요? 만약 그러셨다고 하더라도 지존파에 의해 생명을 잃은 피해자들은 어떻게 하나요? 그 가족들은 어떡하나요?

무슨 짓을 해도 회개만 하면 쉽게 용서를 해주시는 하나님은 공평하지 않은 것 같아요. 이런 하나님을 믿는 기독교가 이상하게 느껴지기까지 해요. 이 질문에 저도 100% 공감해요.

너무 쉬운 회개?

〈밀양〉이라는 영화가 나온 후, 실제로 많은 불신자들이 기독교의 교리에 대해 의문과 회의를 가지게 됐어요. 그리고 많은 기독교인들도 쉽게 답할 수 없는 질문들이 생겼어요.

영화에서는 살인자가 감옥에 들어간 후, 거기서 믿음을 가지게 돼요. 나아가 하나님께서 자기 죄를 용서해주셨다는 확신까지 얻은 거예요. 그러니 면회를 하러 온 피해자의 어머니(전도연)에게 당당히 '나는 이미 하나님께 깨끗이 용서받았다'고 말하는 것이죠. 이 장면을 잘 보면, 마치 범인은 본인이 먼저 하나님을 만났다고 자랑(?)하고 싶은 것 같기도 해요. 전도연 씨가 맡은 어머니가 분노한 것처럼 영화를 본 많은 사람들이 분노하고 화가 났다고 해요. 그리고 하나님은 도저히 이해할 수 없는 분이라고 얘기해요.

"하나님께서 살인자를 너무 쉽게 용서해주는 것이 아닌가? 아무리 살인을 저지르고, 강간을 하고, 사기를 쳐서 피해자가 극심한 고통을 느껴도, 회개만 하면 깨끗해지는 건가요? 만약 그렇다면, 실컷 죄 짓고, 회개만 하면 문제없겠네." 이런 식으로 기독교 신앙을 오해할 수밖에 없어요. 한번 이 오해를 풀어볼게요.

가짜 회개

먼저, 하나님께서는 살인자를 정말 용서하셨을까요? 그건 알 수 없어요.

그러나 영화를 잘 보면, 살인자는 아직 참된 회개를 하지 않은 것이 보여요. 자기가 죽인 아이의 어머니를 보는 살인자의 얼굴이 너무도 평안할 수 있는 것은 아직 하나님을 제대로 만나지 못했기 때문이에요. 하나님의 마음을 전혀 모르기 때문이에요.

구약을 보면, 하나님께 5가지 종류의 제사를 드려요. 그중 하나가 속건제예요. 속건제는 하나님이나 이웃에게 피해를 줄 경우 이를 회개하는 제사예요. 그런데 속건제를 드리기 위해선 반드시 해야 하는 일이 하나 있어요. 그것은 이웃에게 피해를 줬을 경우, 먼저 충분한 배상을 해야만 해요.

예를 들어 옆집의 소 한 마리를 훔쳤을 경우, 원금인 소 한 마리를 갚아주고, 거기에 이자로 1/5을 더 주어야했어요. 이자로 송아지 한 마리를 더 주어야 하는 거지요. 이렇게 원금과 이자를 배상하고 나면 가해자는 피해자에게 잘못을 뉘우치고, 용서를 받았어요. 그 이후에야 비로소 하나님 앞에 나와 속건제를 드릴 수 있었어요(레 6:1-7).

마찬가지로 영화에서 잔혹하게 아이를 죽인 가해자는 반드시 피해자(어머니)에게 용서를 구해야 해요. 배상을 해야만 해요. 그러나 하나뿐인 아들을 죽였으니 어떤 방법으로도 배상할 수 없고, 용서를 받겠다는 것은 실은 꿈도 못 꿀 일이지요. 그러니, 죽을 때까지 자신의 죄를 뉘우치고, 용서를 구하는 것이 살인자가 해야 할 몫이에요.

하나님께서는 네 이웃을 네 몸과 같이 사랑하라고 하셨어요(마 22:39). 그런데 이웃의 눈에서 피눈물이 나게 한 후 하나님 앞에 나와 드리는 예배를 받으실까요? 아니요! 받으실 리가 없어요. 하나님께 아무리 용서를 구해도, 하나님께서는 응답하실 리가 없어요. 먼저, 자신이 피눈물 나게 만든 이웃의 눈물을 닦아주는 것이 우선이에요. 예수님께서 이렇게 말씀하셨어요.

"그러므로 예물을 제단에 드리려다가

거기서 네 형제에게 원망들을 만한 일이 있는 것이 생각나거든

예물을 제단 앞에 두고 먼저 가서 형제와 화목하고

그 후에 와서 예물을 드리라"

(마태복음 5:23-24).

영화에서 죽은 아이의 어머니에게 씻지 못할 죄를 저지른 살인자는 어머니의 용서를 받지 못했어요. 그런 사람이 하나님께 받았다고 생각하는 그 '용서'는 '가짜'예요. 범인이 말한 '용서'는 정확히 본회퍼 목사님이 말한 '값싼 은혜'예요.

디트리히 본회퍼는 〈제자도〉에서 이렇게 말해요.

"값싼 은혜는 참회 없는 용서를 말하는 교설이고, 권징 없는 세례이자, 죄의 고백이 없는 성찬이며, 개개인의 고백이 없는 면죄입니다. 값싼 은혜는 우리 교회의 필멸의 원수입니다."

진짜 하나님을 만났다면, 면회 온 아이 어머니 앞에 엎드려 눈물로 용서를 구했을 거예요. 감옥에서 늦게라도 하나님의 마음을 진심으로 깨달았다면, 아이 어머니의 죽을 것 같은 마음을 절절하게 느꼈을 거예

요. 그러나 뻔뻔하게 '나는 이미 하나님께 용서를 받았다'면서 찢어진 가슴에 못을 박는 살인자의 태도는 결과적으로 그 믿음이 가짜라는 증거예요.

이 지점에서 지존파에게도 꼭 물어야만 하는 질문이 있어요. 피해자들에게 사죄했냐는 거예요. 진심으로 온 마음을 다해 용서를 구했냐는 것이죠. 아무리 하나님을 뒤늦게 알았고, 그래서 본인들의 말대로 "사탄의 굴레"에서 빠져나왔다고 하더라도 자기들 때문에 사랑하는 가족을 잃은 피해자들에게 용서를 구했어야만 해요. 그렇지 않으면, 그 회개는 반쪽짜리가 돼요.

'행함이 없는 믿음은 죽은 믿음'이라는 말씀처럼 진짜 믿음은 반드시 행함이 수반돼요(약 2:14-17).

오버랩 (Overlap)

밀양에 나오는 뻔뻔한 살인자를 보고 왜 그토록 많은 사람들이 교회와 교인들을 욕하는 걸까요? 그리고 믿는 우리도 그 살인자를 보면서 화가 나지만, 왠지 모를 찜찜함이 있어요. 왜냐면, 우리 자신이 "네 이웃을 네 몸과 같이 사랑하라"는 말씀대로 살지 못하는 경우가 비일비재하기 때문이에요. 그 살인자의 모습에서 한국교회 교인들의 모습이 떠올라요. "네 이웃을 네 몸과 같이 사랑하라"고 말하지만, 그러기에는 우리는 자기 자신을 너무 사랑해요.

운전을 하다 보면, 끼어들기를 하거나 빨간불을 어기고 지나치는 차 안에 성경책이 있거나 십자가 장신구가 걸려있는 경우를 종종 봐요. 주일에 교회 주변에 불법주차를 하는 성도들의 차들 때문에 이웃 주민들이 피해를 당하기도 해요. 한 예로 얼마 전 인터넷에서 본 것인데, 자기 집 앞에 차를 무단으로 세운 교회 집사님에게 집주인이 차를 빼 달라는 문자를 보냈어요. 그랬더니 집사님이 보낸 답문자의 내용이 이래요.

"예배 마칠 때까지만 참아주세요! 30분도 못 참나요? 예배드릴 때 자꾸 문자하지 마세요! 정 그러면 법대로 하시든가? 왜 예배를 방해하는 거야? 내 차 건드리기만 해봐! 이 사탄의 자식아!" 이 문자를 받은 집주인이 화가 나서 인터넷 커뮤니티에 문자 내용을 공개했어요. 이러한 교인들의 이기적인 모습에 사람들이 질색하는 거 같아요.

믿는다고 하면서 거짓말도 잘하고, 정직하지 못한 성노늘을 만날 때가 있어요. 요즘 교회들은 성도가 늘고 헌금이 늘면, 교회 땅을 사고,

예배당을 지어요. 그 옆에 교육관을 짓고, 기도원까지 짓기 위해 큰 액수의 대출도 받아요. 교회는 너무 교회만 생각하고, 성도도 자신만 생각하다 보니 이웃은 아예 생각할 겨를이 없어요. 이러다 보니 행함이 따라오지 않는 기독교인들과 〈밀양〉 영화에 나오는 살인자의 뻔뻔한 모습이 오버랩되는 것 같아요.

그래요. 우리 기독교인들이 믿음이 좋을수록 좋은 사람이 되어야 해요. 하나님을 잘 믿는 사람은 이웃에게도 좋은 사람이어야 해요. 사도행전의 초대교회 교인들은 주위에 믿지 않는 사람들이 참 좋아했어요!

"하나님을 찬미하며 또 온 백성에게 칭송을 받으니

주께서 구원 받는 사람을 날마다 더하게 하시니라"

(사도행전 2:47)

"믿는 사람은 달라!", "믿는 사람은 정직해!" 이런 얘기를 들어야죠! 그래야 살인자가 우리 기독교인들과 오버랩되는 참사(?)가 없죠! 기독교가 더 이상 개독교가 아닌 기독교라 불리길 진심으로 마음을 다해 기도해요! 우리가 행함이 있는 믿음을 가지길 소원해요.

17
하나님께서 정해주신 운명의 짝을 기다려야 하나요?

잘 아는 한 남자청년이 있는데 그는 지금까지 꽤 많은 소개팅을 했어요. 나이가 어릴 땐 소개팅이었고, 이제는 선이라는 말이 더 어울리죠. 아직 결혼을 안 했고, 여전히 좋은 사람을 찾고 있어요. 아직까지 마음에 딱 드는 사람을 못 만났다고 해요.

소개팅에 나가기 전, 주선자에게 묻는 질문은 남자와 여자가 확연히 달라요.

자매는 "1. 무슨 일 해? 2. 성격은 자상해? 3. 키는 커? 4. 취미는 뭐야?" 등등 다양한 것을 묻지만, 형제는 이렇게 묻죠. "1. 예뻐? 2. 예뻐? 3. 진짜 이뻐? 4. 보통이야? 6. 안 예뻐? … 100. 솔직히 예쁘지?" 그 형제도 마찬가지예요. 예쁘면 다 용서가 된다는 거예요.

그런데 하나님을 믿으면, 이런 질문을 하게 되죠

"이 사람이 하나님이 정해주신 사람이 맞나요?"

이 질문이 참 좋아요. 만날 형제가 무슨 일을 하는지, 진짜 훈남인지, 만날 자매가 예쁜지를 묻기 전에 하나님이 정해주신 사람인지 하나님께 여쭤보는 것이 귀한 것이죠.

그런데 경험에 의하면, 재밌는 것은 첫 질문이 "하나님이 정해주신 사람인가요?" 이어서 2, 3, 4번 질문은 대게 자기 생각대로 간다는 거죠.

예를 들어, 자매들 중에 배우자를 위한 기도제목을 20~30개를 적어놓고, 거기에 딱 맞는 형제를 찾는 자매들이 있어요. 그 기도제목에 100% 맞는 사람은 없어요. 놀라운 건, 기도제목에 2~3가지밖에 맞는 게 없지만, 훈남에, 직업도 좋고, 성격까지 좋으면, 그 사람을 만나고 싶은 거예요. 심지어 남자가 믿음이 없어도요!

내가 그 사람을 교회로 전도해서라도 만나고, 잘되면 결혼까지도 생각하죠. 실제로, 이렇게 믿지 않는 형제를 만나 결혼한 믿음의 자매들을 몇 명 알고 있어요. 그 대부분의 경우를 보면 결혼 후 많은 어려움을 겪어요. 어떤 커플은 결혼을 하기 위해서 남편 될 형제가 몇 번 교회를 나오지만 결혼 후에는 전혀 다른 모습을 보여서 어려움을 겪지요. 원래 화장실 들어갈 때와 나올 때가 다른 것이 사람이잖아요. 처음부터 결혼 후에도 교회를 안 나가서 아내가 이만저만 마음 고생을 하는 게 아니죠. 솔직히 말하면 이런 경우는 결혼을 후회하기도 해요.

그렇다고 무조건 믿는 형제만 만나라고 할 수는 없어요. 교회에 다니는 자매들이 형제들보다 두 배도 넘게 많으니까요.

교회 안의 자매:형제 비율 7:3

"당신의 이야기를 들어드립니다" 익명상담(오픈채팅)으로 듣다보니 많은 청년들이 저에게 연락이 오고, 고민을 나눌 때가 많은데요. 한 여자청년이 연락이 왔어요.

"목사님, 제가 고민이 있는데요. 들어주실 수 있으세요?"

"무슨 일인가요? 편하게 말씀하세요!"

"다름이 아니라, 제가 한 남자를 만났는데요. 최근에 헤어졌어요. 헤어진 지 한 달이 되었는데요. 잊혀지지가 않아요."

"그렇게 좋아했다면, 왜 헤어졌나요? 무슨 일이 있었던 거예요?"

"사실, 제가 만난 남자 청년은 믿는 청년이 아니었어요. 제가 헤어지게 된 이유는, 지난여름에 수련회에 갔는데요.
그때 강사 목사님께서 설교 중에 하셨던 말이 '어떻게 안 믿는 사람을 만나느냐 믿는 사람을 만나서 교제해야 할 것이 아니냐? 아닌 청년들은 헤어져라!' 하셨어요."

그 목사님의 말이 마음에 꽂혔고, 그 설교 때문에 사랑했던 청년과 헤어졌어요.

그 남자청년은 신앙 빼고는 완벽하다고 말할 정도로 완전 마음에 들었던 청년이었대요. 장거리 연애 하는 관계였는데, 2시간 이상 걸리는 거리를 매일 찾아와서 만나고 갈 정도의 지극정성인 사람이었대요. 헤어진 지 1달이 지났는데도 잊히지가 않는다고.
그래서 제가 그 여자청년에게 이렇게 말했어요.

"충분히 그 강사 목사님의 의중을 알겠어요. 그분 말씀처럼 믿음 있는 청년 만나서 연애도 하고 결혼도 하면 좋겠죠? 근데 한번 생각해보세요. 교회 안에 일반적으로 남자 청년이 많나요? 여자청년이 많나요? 여자청년들이 남자들보다 많아요. 많게는 2배? 3배? 정도 많은 게 평균이에요. 그렇다면, 이 땅의 여자청년들이 연애를 하고 결혼을 해야 한다고 했을 때, 믿음 있는 청년들을 만난다고 가정했을 때, 과연 어느 정도 분들이 연애가 가능할까요?

누구도 의도하지 않았겠지만, 반절 이상의 여성분들은 태어날 때부터 의도치 않게 독신의 은사를 받은 자처럼 살아갈 수밖에 없는 현실이에요. 믿는 청년들이 그만큼 적으니까요. 그럼 어떻게 하는 게 보다 타당한 걸까요? 가능한 믿는 청년들 안에서 만나되 안 믿는 청년들을 전도하고 또 예수님 믿게 하는 것도 하나님이 원하시는 거 아닐까요? 전도해보는 건 어때요?"

여자청년이 답을 했어요. "사실 그 남자분이 저에게 이렇게 말했어요. '나 전도했냐? 전도도 안 해 놓고, 단순히 교회 안 다닌다고 이런 식으로 이별을 통보하면 되겠니? 나 교회 다닐게'라고 말했어요."

"그분 말처럼, 전도해보고, 정말 이분이 예수님을 온전히 믿어가는지 지켜보면 되지 않을까요? 한번 지켜보는 것도 중요한 거 같아요."

지금 연애한다고, 당장 결혼할 거 아니잖아요. 안 그래요?

이분이 예수님을 믿어가는 과정을 지켜보고 정말 예수님을 인격적으로 만나는 걸 지켜보면서 결혼에 대해 생각해도 괜찮다고 생각해요. 가능한 믿는 청년을 만나되, 사람 일이라는 게 내 이상형이나 기준대로만 만날 수 있는 게 아니잖아요. 기도를 하되 하나님께서 어떤 사람을 만나기 원하시는지 물으며 나아가는 게 중요한 거 같아요.

다만, 오랜 시간 기다려주어도 전도가 되지 않고, 끝까지 믿음을 거부한다면 마지막엔 헤어지는 게 맞아요. 결혼하면 달라질 것이라는 막연한 희망을 가지고 결혼했다가는 희망고문(?)을 당하게 되기 때문이에요. '언젠가는 남편이 변하겠지, 언젠가는 남편과 같이 교회 가겠지'라는 희망이 20년, 30년째 이어져온 집사님, 권사님들이 많이 있으니까요. 자녀에게 신앙교육을 하려 할 때 남편의 저항과 부딪힘은 말로 설명하기 힘들만큼 어려운 가정이 많아요. 예를 들어, 가정예배를 드리려고 했다가 남편이 성경을 집어던졌다는 경우가 그렇죠. 그러니 '가능한 믿음의 사람을 만나되, 믿음이 없다면 기도와 전도를 통해 변화된 그리스도인과 결혼해라! 앞으로 변할 것을 막연히 기대하기보다 결혼 전까지 신앙이 충분히 자라가고 있는지를 봐야 한다.' 이것이 드릴 수 있는 권면이에요.

한 가지 집고 넘어갈 게 있어요. 많은 청년들이 배우자 기도를 한다고 해요.

배우자 기도?

실제로 "배우자 기도는 어떻게 해야 하나요?"라는 질문을 많이 해요. 배우자 기도에 대해서 두 가지 입장이 있어요. 하나부터 백까지 세세하게 적어가며 기도해야 한다는 입장과 그럴 필요 없다는 입장이에요. 개인적으로는 하나부터 백개보다 5개에서 10개 정도의 기도제목을 가지고 기도하는 것이 나은 거 같아요.

그런데 더 말씀 드리고 싶은 것은 정말 포기할 수 없는 3가지 핵심 가치와 삶의 비전만 맞아도 같이 살 때 감사한 부분이 많아요. 꼭 이런 저런 5~10가지가 다 맞아야 결혼하고, 그런 사람을 만나야 행복한 것은 아니에요.

하나님은 우리의 필요를 다 아시거든요. 그렇지만 그럼에도 우리가 하나님께 기도하길 원하시는 게 하나님의 마음이니 우리가 하나님과 소통하고 교통한다는 개념에서 "나의 마음이 이래요. 나의 소원이 이래요. 그런데 하나님은 어떻게 생각하세요?" 물으며 그분께 마음을 다해 배우자 기도를 하는 것이 훨씬 더 중요한 거 같아요. 이런 과정을 통해 점점 나의 기준이 하나님의 뜻과 가까워져 갈 때, 배우자를 보는 눈도 확연히 달라져 있을 거예요. 그래서 진짜 하나님이 보시기에도 좋은 사람이 내 눈에도 딱 좋아 보이는 거죠.

그러면 다시 처음 질문으로 돌아갈게요. 하나님이 정해주신 운명의 여자(남자)가 있는 건가요?

일단, 하나님이 정해주신 딱 한 사람만 있냐고 한다면, "NO"라고 할 수 있어요. 로맨틱 영화처럼 한 남자와 한 여자가 만나 첫눈에 반해 사랑에 빠지듯, 운명으로 정해주신 사람이 세상에 딱 한 명만 있는 것은 아니에요.

그 대신 우리에게 기준을 주셨어요. 하나님이 세우신 기준에 맞는 사람이면 누구나 가능해요. 즉, 하나님 마음에 드는 사람 중에 고를 수 있는 자유의지를 주신 거죠.

저는 그 기준을 이삭과 리브가에서 찾았어요.

두 가지 기준

　이름의 뜻이 웃음인 것처럼 항상 어머니, 아버지를 기쁘게 했던 아들인 이삭. 그가 어느새 다 자라 결혼할 나이가 됐어요. 그런데 결혼이 잘 안 되는 거예요. 가나안 땅에 이민 와서 오랫동안 살고 있지만, 그 땅은 너무 타락했어요. 예를 들어, 이삭이 살던 동네는 젊은 남녀가 결혼하기 전에 동거하는 건 일도 아니었어요. 지금처럼 대학가에 가면, 심심찮게 원룸에 같이 사는 커플들을 발견하는 것처럼요.

　이삭은 자기 짝을 찾지 못했고, 시간이 빠르게 지나갔어요. 그러다 37살이 됐는데, 어머니 사라가 죽었어요. 아들 결혼을 보지 못하고 떠난 거죠. 그런 아내를 생각하는 아브라함은 마음이 매우 허했어요. 그렇게 3년이 더 지나갔고, 이삭이 마흔이 됐어요. 당시로 보면 결혼의 시기가 한참 지난 노총각이 된 거죠. 하나님께서 자연스럽게 좋은 사람을 주실 거라고 믿고 기다렸는데, 야속한 시간은 속절없이 지나가고 어머니도 돌아가셨으니, 이삭의 마음도 허전해요.

　아버지 아브라함이 아들 결혼을 위해 결심을 한 후 집안에 하인 중에 가장 오래된 하인을 불러요. "너는 내 고향에 가서 내 아들 이삭의 아내를 구해와라!" 그리고, 며느리가 될 여자의 조건을 두 가지 말해요.

첫째, 순결한 여자!

"내가 너에게 하늘의 하나님, 땅의 하나님이신 여호와를 가리켜

맹세하게 하노니 너는 내가 거주하는 이 지방 가나안 족속의

딸 중에서 내 아들을 위하여 아내를 택하지 말고

내 고향 내 족속에게로 가서 내 아들 이삭을 위하여 아내를 택하라"

(창세기 24:3-4)

이 동네 여자는 안돼요. '순결'이란 말 자체를 모를 만큼 이 남자 저 남자를 만나니, 잠자리가 너무 쉬운 거예요. 그리고 우상을 섬기는 여자들이에요. 그러니, 내 고향에 가서 데려와라! 하나님을 믿는 순결한 여자를 찾으라고 했어요.

둘째, 여자를 우리 집으로 데려와라!

"종이 이르되 여자가 나를 따라 이 땅으로 오려고 하지 아니하거든

내가 주인의 아들을 주인이 나오신 땅으로 인도하여 돌아가리이까

아브라함이 그에게 이르되 내 아들을 그리로 데리고

돌아가지 아니하도록 하라"

(창세기 24:5-6)

아브라함의 명령을 들은 종이 물어요. "주인님, 만약 정말 참하고 좋은 여자가 있는데, 여기까지 안 온다고 하면 어떡하지요?" 이에 아브라함은 대답해요. "반드시 데려와야 한다." 아브라함은 "우리가 이민 와서 지금 살고 있는 이 가나안 땅은 하나님께서 주신 땅이고, 여기서 큰 민족을 이뤄주신다고 약속하셨다. 그러니 이 땅에 와야만 한다."라고 했어요.

자세히 살펴보면 아브라함은 지금 신앙고백을 하고 있어요.

하나님을 믿는 순결한 여자.
남편감 얼굴도 아직 못 봤지만, 하나님께서 이 일을 인도하심을 믿는 여자.

이게 두 가지 기준이에요! "우상이 아닌 하나님을 믿는 여자! 하나님의 인도하심을 따르는 여자!" 사실 이 2가지 기준은 하나로 줄일 수 있어요!

하나님 잘 믿는 여자!
남자도 똑같아요! 하나님 잘 믿는 남자!

하나님 잘 믿는 여자면, 그게 누구든 최고 신붓감이고, 하나님 잘 믿는 남자면, 최고의 신랑감이죠. 믿음이 좋은 사람이면 돼요!

말이 잘 통하는 여자(남자)

믿음이 좋은 여자(남자)에 한 가지 덧붙이고 싶은 게 있어요.

제가 참 좋아하는 김동호 목사님은 결혼 전부터 오랫동안 이런 기도를 하셨어요. "하나님! 말이 통하는 여자를 만나게 해주세요!"

말이 통한다는 건, 믿음이 통한다는 것이고, 생각도 통한다는 의미예요. 이런 생각을 하게 된 이유는 총각 때부터 말이 통하는 기쁨보다 더 큰 즐거움이 없다는 확신 때문에 그러셨다고 해요.

그래서 지금의 사모님을 만나셨는데, 처음 만난 날부터 말이 너무 잘 통해서 몇 시간을 얘기했는데도, 꼭 10분이 지나간 것같이 시간 가는 줄 모르셨다는 거예요.

그리고 두 분은 연애를 하다가 결혼을 하셨어요. 결혼한 지 20년이 넘게 지난 김 목사님이 50이 훌쩍 넘으셨을 때 이런 이야기를 하셨어요.

"아내를 만난 처음도 좋았지만, 지금이 훨씬 더 행복하고 좋습니다. 그리고 앞으로 더 좋을 것을 확신합니다."

환갑 때, 똑같은 말씀을 하셨어요. "아내를 처음 만났을 때 보다 20년 후가 더 좋았고, 지금은 그때보다도 훨씬 더 좋습니다."

제가 이 말씀을 들었던 때가 다행히 총각 때였어요. 그때부터 두 가지를 열심히 기도했어요.

"하나님 잘 믿는 여자 만나게 해주세요! 말이 잘 통하는 여자 만나게 해주세요!"

그리고 제 아내를 만났어요.

기도 후 만난 아내

저도 지금의 아내를 처음 만난 날 아내와 4시간 넘게 이야기를 나누고, 집에 돌아오는 길에도 계속 전화와 문자를 했던 기억이 있어요. 시간 가는 줄 몰랐죠. 짧은 연애였지만, 처가가 있는 용인에 왕복 2시간을 가고 오는 길이 참 즐거웠어요. 말이 통했으니까요. 그렇게 용인에 데려다주고 집에 돌아오는 길이 점점 길게 느껴지고 허전할 즈음 프러포즈를 하고 결혼을 했어요.

그리고 결혼한 후 8년이 되는 지금까지 종종 밤에 잠자리에 들기 전,

그날 하루에 있었던 일들을 아내와 나누곤 해요. 그 시간이 하루 중 가장 기다려지는 시간이에요. 어떤 주제가 나와도 통해요. 믿음, 아이들, 교회, 아내의 직장, TV 프로그램, 내일 할 일, 영화, 책 등등.

제 이야기를 세상에서 제일 잘 들어주는 여자!
아내의 이야기를 제일 많이 듣는 남자! 이 둘의 만남은 축복이에요

그러다 보니 '하나님이 정해주신 사람'이란 확신을 살아보니 알겠어요. 왜 20년 후가 더 좋고, 30년 후에는 더욱더 좋다고 하셨는지 알 거 같아요.
살면 살수록 더 좋은 거죠.
그래서 하나님 잘 믿는 남자(여자), 그리고 말이 잘 통하는 남자(여자).
이런 사람이 있다면, 절대 놓치지 마세요!
그러나 혹시나 말도 통하고 너무 좋은데, 그 사람에게 믿음이 없다면, 믿음을 가질 수 있도록 전도하세요. 그리고 믿음이 온전히 들어가서 하나님을 잘 믿고 말이 통한다면 그 사람이 정해주신 사람이에요!
마지막으로 형제들에게 꼭 하고 싶은 이야기가 있어요.

닉 부이치치

닉 부이치치란 이름을 들어보셨나요? 이 사람은 태어날 때부터 양손이 없고, 두 다리 중에 한 다리는 짧고 나머지 다른 쪽은 거의 없는 상태로 태어났어요. 닉이 이런 고백을 했어요.

"다른 건 다 해도, 결혼은 못 할 것 같았다."

누구에게는 결혼이 선택일 수 있지만, 그에게는 정말 못 할 거 같은 그 무엇이었어요.

그가 이렇게 고백해요.

"어릴 적에는 '하나님은 팔다리도 주시지 않은 채 왜 나를 이 세상으로 보내셨을까?' 숱하게 고민하고 방황했다. 청년 시절에는 '하나님은 왜 전심으로 나를 사랑해줄 여인을 보내주지 않으시는 거지?' 하며 가슴을 치곤했다.
나의 이상형은 매우 구체적이고도 한결같았다. 바로 예쁜 여자였다. 그런데 나이가 들면서 외모가 전부가 아니라는 것을 알게 되었다. 사랑받을 기회를 찾고 있는가? 그렇다면 다른 사람에게도 기회를 주라! 나른 사람이 당신을 외모로만 평가하길 바라지 않는다면 당신도 그들의 겉모양을 뚫고 들어가 깊숙한 내면을 들여다봐야 한다."

닉 부이치치가 한 이 말을 기억했으면 해요. 외모도 중요하지만, 그것을 뚫고 들어가 깊은 내면을 볼 수 있는 안목을 갖도록 기도할 필요가 있어요.

닉 부이치치와 결혼하게 된 카나에(닉 부이치치 와이프)는 이렇게 말해요.

"끌림을 느낀다면 배우자감의 외모에 대한 고정관념이 아니라 자신의 마음을 따르라. 남들이야 어떻든 자신만의 사랑이야기를 써가는 연인들이 진정으로 아름답다.
당신이 동화나 영화 속과는 다른 모습으로 사랑을 찾는 것이 하나님의 뜻일지도 모른다. 두려워하지 마라 궁금하면 하나님께 물어가며 나아가라. 하나님은 사랑 자체이시니 말이다."

하나님은 정말 사랑이세요. 우리의 필요를 아시고, 우리 각 사람을 향해서 예비하신 사람들이 분명 있어요. 우리는 하나님을 의심하기보다 믿으며, 하나님께서 나에게 가장 합당한 사람을 만나게 하시고, 사랑하게 하실 것을 믿고 오늘을 살 필요가 있어요.

하나님께 우리 마음을 있는 그대로 토로하는 게 필요해요. 하나님은 우리를 가장 잘 아시니까요. 하나님은 우리가 아름다운 연애를 통해 진정한 사랑을 할 때 진심으로 기뻐하세요. 그러니 연애하며, 사랑하며 수많은 문제가 생겼을 때, '하나님이라면 어떤 것을 기뻐하실까?' 질문하며 하나님과 함께 동행하는 연애를 하길 소망해요.

책 〈결혼을 배우다〉의 이요셉 저자는 이렇게 말해요.

"예수님을 사랑하려면 혼자 살아가야 하지만, 예수님을 닮아가려면 결혼을 해야 한다."

그러니 꼭 결혼을 하세요! 하나님이 인도해주실 거예요.

18
사탄, 마귀, 귀신이 진짜 있나요?

악령이 있나요?

C. S. 루이스는 악령에 대해 이렇게 말했어요.

"인류가 악령들에 관하여 빠질 수 있는 잘못된 믿음은 두 가지가 있으며, 그것들은 서로 같으면서도 상반된다. 그중 하나는 우리가 악령들의 존재를 믿지 않는 것이다. 다른 하나는 우리가 악령의 존재를 믿으면서 그들에게 불건전하게 관심을 두는 것이다. 악령들은 이 두 가지 잘못된 믿음을 모두 기뻐하며, 유물론자나 마술사를 이와 같은 기쁨으로 맞이한다."

사탄, 마귀, 귀신이 존재한다고 생각하시나요? 요즘 우리가 살아가는 한국에서는 이런 영적인 존재들이 자주 보이진 않지만, 과거 한국도 그렇고, 제3세계에는 여전히 눈에 보이듯이 역사하는 존재가 바로 이 사탄, 마귀, 귀신이에요!

단순히 심리적, 정서적으로 문제가 있어서 그들이 보이거나, 느껴지는 것이 아니에요. 분명 그들은 실존하고 있어요.

서울에 있는 교회를 섬길 때 일이에요. 대학생인 미연이가 상담을 받고 싶다고 했어요. 만나서 이야기를 듣는데 그 지체가 예배드릴 때 귀신이 "창문에서 뛰어 내려서 죽어!"라는 환청을 들었다고 해요. 환청뿐만 아니라 눈에도 귀신이 보인다고 했어요. 귀신을 언제부터 보았는지 물었어요. 초등학교 때 잠시 집에 혼자 있을 때 연필을 굴리면서 귀신을 불러내는 주문을 외었는데…그때부터 보였다고 해요. 그 후로 귀신을 자주 접하지는 않았었지만, 교회를 나오면서 귀신이 괴롭히기 시작했다는 거예요. 계속 교회를 나오면 교회 목회자를 죽여 버리겠다고 했어요.

미연이는 두려웠어요. 그래서 대예배를 나오지 않고, 새벽예배를 나왔어요. 놀랍게도 새벽예배 때는 귀신이 괴롭히지 않는다고 했어요. 그러다 나중에는 새벽예배 때도 나타났어요. 신앙을 갖게 되면서 너무 좋아 어머니도 전도했어요. 이성적이고 교회를 전혀 달가워하지 않던 남동생도 교회로 데리고 나왔어요.

그런데 정작 본인은 교회에서 예배조차 드릴 수 없게 된 거예요. 결국 믿음의 끈을 놓지 않고, 다시 교회에 나오게 되었는데요. 그 긴 과정 동안 쉽지 않은 영적 싸움을 해야만 했어요.

신약성경 요한일서를 보면 이렇게 말씀해요.

"하나님의 아들이 나타나신 것은 마귀의 일을 멸하려 하심이라"

(요한일서 3:8)

같은 본문을 쉬운 성경 버전으로 보면 이렇게 말하고 있어요.

"하나님의 아들은 바로 이 마귀의 일을 멸하기 위해서 오셨습니다."

(요한일서 3:8)

하나님의 아들, 예수님은 이 땅에 오셔서 많은 일들을 하셨어요. 병든 자들을 고치고, 말씀을 전파하고, 하나님의 나라를 전파하셨어요. 또한 성경에서 말하고 있듯이 '마귀의 일', 사탄의 역사를 멸하기 위해서 이 땅에 오셨다는 것도 잊지 말아야 해요.

예수님이 하신 모든 일들이 헛되지 않다면, 그분이 이 땅에 오셔서 병 고치고, 말씀만 전하신 것이 아니라 귀신 들린 자들을 자유하게 하셨다는 것도 잊지 말아야 해요.

마귀는 허구의 대상, 상상의 산물이 아니라 실존하는 존재예요. 옛날 사람들이 우리를 위협하고, 단순히 우리를 겁주려고 만든 게 아니에요.

성경은 계속해서 우리에게 경계하고 또 경계하라고 말씀해요.

> "근신하라 깨어라 너희 대적 마귀가 우는 사자 같이
> 두루 다니며 삼킬 자를 찾나니"
>
> (베드로전서 5:8)

이승구 교수님(합동신학대학원대학교)은 이렇게 말씀하셨어요.

"사탄은 실제로 존재하는가? 성경은 사탄이라 불리는 악한 존재의 실체를 말한다. 성경은 사탄을 많은 이름과 명칭으로 부르고 있고, 신약 27권 중에서 19권에 언급되었다. 사복음서에는 29번이나 언급되었고, 그중 25번은 그리스도께서 직접 언급하신 것이다. 사탄은 사람들이 자기 존재를 경시하기를 좋아하는데, 이는 그렇게 할 때에 자신을 숨긴 채 방해를 받지 않으면서 역사할 수 있기 때문이다."

사단(Satan)

'사단'은 히브리어 '사탄'의 한국어 표기예요. 사단은 원래 하나님을 섬겼던 천사장이었어요. 그러나 하나님께 대적하는 범죄 이후에 얻은 그의 이름은 바로 '사단'이에요.

마귀(diabolos/the Devil)

사단의 또 다른 이름은 '마귀'예요. 비방, 고소한다는 의미를 가지고 있어요.

> "용을 잡으니 곧 옛 뱀이요, 〈마귀〉요, 사단이라"
>
> (요한계시록 20:2)

사단과 마귀는 동명이인과 같은 표현이에요. 다른 말 같지만 같은 말인 거죠. 그렇다면 사단은 현재 무슨 활동들을 할까요? 사탄이 주로 사용하는 방식은 죄를 매력적인 것으로 변장시킨 거예요. 죄를 좋은 것처럼 보이게 하고 또 우리가 죄와 죄의 결과들을 충분히 통제할 수 있는 것처럼 착각하게 만들어요. 사탄의 전술을 간략히 열거하면 다음과 같아요.

- 거짓 철학을 선전한다(골로새서 2:8).

- 거짓 종교들에게 능력을 준다(고린도전서 10:20).

- 거짓 사역에 힘을 준다(고린도후서 11:14-15).

- 정부에 나쁜 영향을 끼친다(다니엘 10:13; 요한계시록 16:13-16, 20:3)

- 신자들이 박해를 받도록 선동한다(요한계시록 2:10, 13).

- 분열과 불화를 부추긴다(고린도후서 2:10-11).

- 의심을 일으킨다(창세기 3:1-5).

- 분노하도록 유혹한다(에베소서 4:26-27).

- 성적으로 타락하도록 유혹한다(고린도전서 7:5).

이승구 교수님은 이렇게 말씀하세요.

"성경은 분명하게 천사들이 타락했고, 무리인데, 그들의 우두머리가 '사탄, 또는 마귀'이다. 그들은 일종의 조직을 형성하고 있는데 그들의 우두머리가 사탄 또는 마귀이고 그 밑에 수하인 존재들을 악한 영들 그리고 귀신들이라고 말하는 거예요. 이 악한 영들은 크게 서너 가지 일을 한다고 말할 수 있는데 하나님께서 하시는 일을 적대하는 일을 합니다. 사탄이라는 말 자체가 적대자, 또는 원수라는 뜻이지요. 하나님의 일을 뒤집어보려고 노력하는 것이지요."

사탄의 전략에 대해서 존 스토트는 이렇게 말했어요.

"사탄의 전략은 무엇입니까? 교회를 무너뜨리는 그의 방법은 무엇입니까? 우리와의 싸움에서 그가 사용하는 무기는 무엇입니까?

사탄은 세 가지 무기로 우리를 공격합니다.

첫 번째로 사탄은 육체를 무너뜨리는 무기를 사용합니다. 무력으로 교회를 무너뜨리는 것입니다.

두 번째, 매우 교활한 무기가 있습니다. 외적으로 바로 '도덕적 합리화'입니다. 외적으로 무너뜨리고 내적으로 부패하도록 사탄은 공격합니다. 아나니아와 삽비라처럼 이중적인 모습으로 공격하고 있습니다.

세 번째. 사탄이 쓰는 교활한 방법은 '사회적 분리'입니다. 사도들의 우선순위가 무엇인가를 파악하고 그것을 무너뜨립니다."

김동호 목사님(높은뜻 연합선교회)도 비슷한 말을 했어요.

"저는 여기서 사탄이 노리고 있는 함정이 무엇일까를 생각해 보았습니다. 저는 그것을 '십자가'라고 생각했습니다. 사탄은 어떻게 해서든지 예수님이 십자가를 지는 것을 막고 싶었습니다. 헛된 영광에 눈 어두워 그것에 욕심을 내는 사람은 절대로 십자가를 질 수 없습니다. 사탄은 바로 그것을 노린 것이었습니다. 사람들의 인기와 영광에 눈을 어둡게 하여 예수님이 지셔야 할 십자가에서 밀어지게 하는 것 그것이 바로 사단의 전략이고 두 번째 시험이 노리는 함정이었던 것입니다. 그러나 예수님은 그 시험에 들지 않으셨습니다. 헛된 영광에 속지 않으시고 묵묵히 자신의 십자가를 선택하셨습니다. 그리고 승리하셨습니다. 결국 우리가 다 죄 사함을 받고 구원을 얻게 되었습니다."

야고보서 4장 7절에 보면, "그런즉 너희는 하나님께 복종할지어다. 마귀를 대적하라 그리하면 너희를 피하리라."라고 말씀하고 있어요.

단순히 마귀를 대적하는 것 이전에, "하나님께 복종"하는 것이 중요해요. 그때 비로소 마귀의 유혹과 꾐에 넘어지지 않을 수 있어요. 우리의 힘과 능력으로 마귀와 싸울 수 있는 게 아니에요. 우리가 영적인 능력이 있어서 이기는 게 아니에요.

바로 하나님께 복종하며 살아갈 때, 하나님께 온전히 순종하며 나아갈 때 마귀는 우리를 이기지 못하고, 피하게 돼요. 바로 하나님 때문에요.

다시 한번 말씀드리고 싶은 내용은 사단(마귀)은 그의 전략을 결코 바꾸지 않았다는 거예요. 사단의 간교한 전략에 맞서기 위해 우리는 영적분별력을 가지고 살아야 해요.

예수 그리스도의 놀라운 이름으로 더욱 담대해져야 해요. 그때 우리는 사탄을 이겨낼 수 있어요. 예수 그리스도의 이름으로 사탄을 무찌를 때 어떤 결과가 나타나는 줄 아세요? 사탄은 우리로부터 도망갈 수밖에 없어요. 오직 예수 이름에 능력이 있거든요.

어느 날 종교개혁자 루터에게 학생들이 찾아와서 "선생님, 어떻게 하면 그렇게 많은 사단의 시험과 유혹을 쉽게 이길 수 있습니까?" 물었어요. 그때 루터는 이렇게 대답했다고 해요.

"음! 사단이 자주자주 내 마음의 문을 두드리며 '문을 열라'고 소리칠 때가 있다네. 그럴 때마다 내 마음에 계시는 예수님이 나가셔서 문을 열어 주신다네. 마귀가 '이 집에 루터가 살고 있지요?' 하고 물어오면 예수님은 '과거에는 루터가 살았지. 그러나 지금은 내가 살고 있어!'라고 대답하신다네. 그러면 마귀는 대경실색해서 도망가 버린다네. 내가 시험을 이기는 방법은 바로 이것이라네. 오늘 내 마음에 예수님이 계시는가?"

이사 갈 때마다 악령을 내쫓아야 하나요?

이사를 하면 반드시 그 집의 악한 영을 쫓아내야 한다는 사람들이 있어요. 실제로 그런 영이 있나요?

최근에 1,000만 명 이상 한국 사람들이 본 영화가 있어요. 이 책을 보시는 분들도 많이들 보셨을 거예요. 바로 〈신과 함께〉라는 영화예요.

한국 전통 내세관을 바탕으로 만든 영화예요.

영화엔 염라대왕이 나오고, 저승 삼차사가 나와요. 죽음 이후에 내세가 있다는 것은 성경도 동의하지만, 죽음 이후에 또 다른 존재로 이 땅에 다시 태어난다는 윤회사상은 성경적이지 않아요. 우리는 천국과 지옥을 말하고, 죽음 이후 영원한 불멸의 심판을 말하거든요.

영화 〈신과 함께2〉를 보면 집을 지키는 신이 나와요. 요즘 한창 잘 나가는 배우 마동석 씨가 이 역할을 맡았어요. 집을 지키는 신을 성주신이라고 하는데, 재미있는 건 화장실을 지키는 신이 따로 있다는 거예요. 부엌을 지키는 신도 있고요. 그런데 집을 지키는 신이 존재하나요? 화장실, 부엌을 지키는 신이 정말 존재하나요? 멀지 않은 일본만 해도 그렇고, 저 멀리 인도에 가면 별별 신들이 다 있어요. 코끼리 신, 고양이 신, 쥐를 섬기는 신전까지 있어요.

그런 신들이 있다고 믿으니까 절하고 섬기는 거겠지만 진짜 그런 신들이 존재하나요? 아니요! 그런 존재는 없어요. 참신은 하나님밖에 없어요. 성경에 귀신에 홀려서 사방팔방 고래고래 소리를 지르고 온몸을 상하게 하던 귀신 들린 사람이 있었어요. 예수님께서 귀신 들린 사람을 만난 순간 바로 예수님이 누구신지 알아봤어요.

"큰 소리로 부르짖어 이르되 "지극히 높으신 하나님의 아들 예수여

> 나와 당신이 무슨 상관이 있나이까 원하건대 하나님 앞에 맹세하고
> 나를 괴롭히지 마옵소서 하니"
>
> (마가복음 5:7)

이렇게 분명 악한 영은 존재해요. 저도 귀신 들린 사람을 본 적도 있으니까 말이에요. 그러나 어느 집에 악한 영이 있을 거라고 짐작하고 무조건 쫓아내야 한다는 것은 성경적이지 않아요. 만약 악한 영이 우리를 괴롭히거나 해코지를 한다면 예수님의 이름으로 쫓아내면 되는 거예요. 예수님의 이름은 능력이 있으니까요. 우리는 비록 나약하고 부족한 존재이지만 기억해야 해요

"나는 약하지만, 우리 주님은 강하시다", "그 어떤 귀신도 참된 주인이신 예수님께 벌벌 떤다"

제가 20대 때 친한 남자 동생의 여동생이 귀신에 들려서 온 가족과 교회가 그 청년을 위해서 기도해줬어요. 기도원까지 데려가서 귀신을 쫓기 위해 애쓰는 모습을 직접 본 적이 있어요.

그 여자아이가 너무 힘이 세서, 남자 여러 명이 달려들었는데도 감당할 수 없는 정도였어요. 부득이하게 금식을 시키며 그 아이를 위해 기도하고 계셨는데요. 참 신기한 것은 그 아이를 붙들고, 찬양을 부르

면, 그 아이가 그 노래 가사를 따라 부른다는 거였어요.

"보혈을 지나 하나님 품으로… 보혈을 지나… 존귀한 주 보혈이 내 영을…"

분명 찬양인데, 보혈 찬송인데… 그걸 따라하는 그 표정이 너무 괴이해서 잊을수가 없어요. "뭐지? 귀신 들렸는데 어떻게, 귀신이 저걸 따라하나?" 근데 놀라웠던 것은 찬양을 할 때는 뭔가 조롱하듯이 그 찬양을 부르는데, 말씀을 읽어주면, 갑자기 고통스러워하며 도망가려고 했어요.

구약이든 신약이든 성경 말씀을 처음부터 끝까지 하나하나 읽어주면, 귀신 들린 그 상태에서 괴로워하면서 어쩔 줄 몰라 하고, 소리 지르고 그 자리를 어떻게든 피하려고 하는 모습을 지금도 선명하게 기억해요. 그때 깨닫게 된 것이 있어요. 말씀의 능력이에요!

"그렇구나! 우리가 너무 익숙하게 읽었지만, 말씀엔 강력한 능력이 있는 것은 잊고 살았구나! 말씀엔 능력이 있어 좌우에 날선 어떤 검보다 강하구나!"

"하나님의 말씀은 살아 있고 활력이 있어 좌우에 날선 어떤 검보다도

예리하여 혼과 영과 및 관절과 골수를 찔러 쪼개기까지 하며

또 마음의 생각과 뜻을 판단하나니"

(히브리서 4:12)

이승구 교수님은 이렇게 말씀하셨어요.

"피터 와그너라고 하는 미국의 교회 성장학으로 유명한 분이 계셨는데요. 이분은 교회 성장학이라는 얘기를 하면서 동시에 지역을 다스리고 있는 영이라는 개념을 말했어요. 이것은 정말 심각한 문제를 가지고 있다는 것을 우리는 잊지 말아야 해요. 먼저 간단히 서너 가지를 얘기할 수 있는데요. 온 세상은 만왕의 왕이시고 만주의 주이신 우리 주 예수 그리스도와 하나님께서 다스리고 있는 것입니다. 사탄이 자기들의 세력을 드러내려고 노력하고 하나님께 반역을 한다고 해도 그것은 하나님의 영역을 저들이 찬탈하고 하나님께 도전해보려고 하는 것이지 실제적으로 각 지역을 다스리고 있는 악한 영들이 있을 수가 없습니다. 어떤 지역의 사람들을 위하여 그들이 정말 예수님을 믿고 하나님께 나아오도록 기도하는 것은 좋은 일이나 그것은 멀리서도 할 수 있는 일이고 간절한 마음으로 주 앞에 간구하는 일이 좋은 것이지 그 지역에 가서 직접 땅을 밟으면서 기도해야만 효과가 있는 것은 아닙니다. 그러므로 우리는 피터 와그너가

제시하고 있는 지역을 다스리는 영이라고 하는 잘못된 개념의 영향을 받지 않도록 주의하면서 보다 성경적으로 나아가도록 해야 할 것입니다."

지역을 다스리는 영에 대한 잘못된 생각을 넘어서 우리는 기억해야 해요. 아브라함 카아퍼는 이렇게 말했어요.

"하나님께서, '이곳은 내 영역이 아니다!'라고 말씀하시는 곳이 이 땅에 존재하지 않는다!"

이 땅의 넓은 영역이든, 좁은 영역이든 그 어떤 영역도 다른 우상이나 이방신들에게 달린 것이 아니에요. 하나님께 달렸어요. 이 땅의 그 어떤 곳들도 하나님께 속했어요.

이 땅을 만드셨고, 존재하게 하신 하나님의 손에 소유권이 있어요.

잘못된 생각과 주장 들에 대해서 "NO!" 라고 말할 필요가 있어요. 모든 주권, 모든 소유권이 하나님께 달려 있다는 것을 우리는 믿어야 돼요. 그러면 하나님 안에 거하면서 마귀를 대적할 수 있어요. 모든 잘못되고, 어그러진 사상을 주님 앞에 복종시키도록 말이에요.

세상에는 수많은 주장들이 있어요. 사상, 주의, 학문 들이 있어요.

그 안에서 받아들일 것은 받아들여야 하겠지만, 잘못된 것들에 대해서는 우리는 기꺼이 외쳐야 해요! "NO!!"

19
죄를 많이 지으면 구원이 취소되나요?

Good News & Good Works

얼마 전 군대 선임이었던 분이 연락이 왔어요. "오랜만인데 궁금한 게 있어서 말이야. 예수님을 믿으면 구원을 받는데, 내가 누군가에서 잘못을 하고, 죄를 짓고 그러면 구원받지 못하는 거니? 어떻게 되는 거니?" 질문을 해 왔어요.

그때 이렇게 나누었어요. 아래의 말처럼 말이에요.

물론 우리의 행위로 구원받는 것은 아니에요. 로마서에서도 말하고 있듯이 "오직 의인은 믿음으로 말미암아 살리라"고 선포한 것처럼 믿음으로 구원받는 게 맞아요. 그런데 그 믿음은 반드시 행함을 동반해요. 야고보서에서는 "행함이 없는 믿음은 죽은 믿음"이라고 말해요. 두 말은 상충되거나 충돌되는 것이 아니라 동전의 양면처럼 함께 가야 한다는 말이에요.

우리가 죄를 안 짓고 싶어도 연약한 존재이기에 넘어지고 또 넘어지고, 쓰러지고 또 쓰러질 수 있어요. 그런데 그런 우리 모습을 있는 그대로 고백하며, 몸부림치는 모습이 필요해요. 시간이 걸릴지 모르지만 지금 나의 부족한 모습을 하나님께서 기뻐하시는 모습으로 바꿔 가실 거라는 믿음이죠!

그러나 조심해야 할 것이 있어요. 죄 가운데 넘어지는 자신의 모습을 자기합리화한다든지, '어쩔 수 없는 거야 그냥 이렇게 살아도 돼' 이런 식으로 핑계 대는 모습은 지양해야 되요.

얼마 전 〈완벽한 타인〉이라는 영화가 나왔어요. 유해진, 조진웅, 이서진 등등 쟁쟁한 배우들이 나온 영화인데요. 간단히 이야기해서, 40년 지기 친구들이 부부동반으로 한 친구 집들이 모임을 하게되요. 서로가 모르는 게 없다고 생각하는 친한 친구들과 그 배우자들이 한집에 모인 거죠. 친구 중 한 명이 게임을 하자고 식탁에서 제안을 해요.

게임은 지금부터 식사가 마무리되는 시간까지 핸드폰으로 오는 전화, 카톡, 문자까지 모든 내용을 공개하는 거예요. 그런데 서로 공개한 내용은 정말이지 충격적이었어요. 불륜, 성형, 동성애, 사기 등 이제까지 잘 숨겨왔던 각자의 치부가 숨김없이 드러난 거죠. 서로를 잘 안다고 생각하지만, 가장 가까운 부부도, 친구도 결국은 제목처럼 완벽한 타인이라는 거예요. 그리고 인간이 얼마나 죄인이고, 연약한 존재인지를 여실히 보여주는 영화였어요.

이 영화 마지막 크레딧 나오기 전에 한 글귀가 있어요.

"인간은 세 가지 모습으로 존재한다. 공적인 모습, 사적인 모습 그리고 비밀스러운 모습."

비밀스러운 모습은 다른 말로 하면 부끄럽고, 공개하기 어려운 죄된 습성을 가진 존재라는 말로 이해할 수 있어요. 그런데 문제는 숨기려고만 하는 태도에 있어요.

영화 〈동주〉에 나왔던 말인데, "부끄러움을 아는 게 부끄러운 것이 아니라 부끄러움을 모르는 것이 부끄러운 것이다." 부끄러움을 아는 게 중요해요.

죄에 대해서도 마찬가지예요. 반성하지 않고, 회개하지 않고, 자신의 상태에 대해서 변명만 늘어놓으며 부끄러운 줄 모르는 그 상태가 정말 소망이 없는 거예요.

예수님께서도 "나를 따라오려거든 날마다 제 십자가를 지고 나를 따르라" 하셨듯이 매일매일 주님을 따라가는 길 가운데 십자가를 지고, 예수님을 따르기 위한 몸부림이 필요해요.

그렇다면 "죄를 지으면 구원이 취소되나요?" 라는 질문에 답을 한다면, 단순히 죄를 짓는다고 구원이 취소된다고 말할 순 없어요. 그러나 죄는 하나님과 우리 사이를 가로막아요. 죄는 하나님께 슬픔만을 드려요. 그러니 하나님께서 기뻐하시는 삶을 살기 위해서는 죄 가운데서 벗어나야만 해요.

"죄의 삯은 사망이요" 말씀처럼, 죄의 결말은 사망이에요. 물론 당장 죽진 않아요.

아담과 하와가 선악과를 따 먹기 전에 하나님께서 "너희가 이것을 먹으면 정녕 죽으리라" 말씀하셨어요. 실제로 아담과 하와가 먹자마자 죽진 않았어요. 그러나 나중에 죽었어요. 죄를 짓는다고 당장 그 자리에서 죽지는 않아요. 하지만 죄에서 지금 돌이키지 않으면 결국엔 사망이에요. 더 늦기 전에, 회개하고 돌이키면 생명을 얻게 되고, 영원한 구원을 누릴 수 있어요.

기독교 구원론 중에서 성도의 견인이란 것이 있어요. 이것은 하나님이 택하신 영혼은 반드시 끝까지 붙들고 가신다는 가르침이에요.

이 근거는 바로 예수님이 하신 말씀을 바탕으로 해요. 요한복음 6장 39절에서 말씀하세요.

> "나를 보내신 이의 뜻은 내게 주신 자 중에 내가 하나도 잃어버리지 아니하고 마지막 날에 다시 살리는 이것이니라"
>
> (요한복음 6:39)

예수님은 택하신 영혼을 반드시 구원하세요. 한 영혼도 그냥 저버리지 않으세요.

이승구 교수님은 이렇게 말씀하셨어요.

"성경은 '끝까지 견디는 자는 구원을 받을 것이다.' 이렇게 얘기하는 것이지요. 이게 성도의 견인과 밀접하게 연관돼 있는 말씀입니다. '주께서 끝까지 우리를 붙드시니 우리는 끝까지 주님을 믿지 않아도 괜찮나'라고 생각할 수 있는 가르침은 우리가 한 번도 가르쳐본 일이 없는 것이지요. 주께서 우리를 끝까지 붙드시니 우리도 끝까지 주님을 믿고 신뢰하고 붙들고 나가야 하는 것입니다. 이것이 성도의 견인에 관한 성경적 가르침이라고 말할 수 있습니다."

지금 모습이 전부는 아니에요!

좀 부족할 수 있어요. 과연 저 영혼이 구원받을 만한 가치가 있을까? 그럴 만한 삶을 살았는가? 의문이 들 때가 분명 있어요. 지금 상태를 볼 때, 본이 되지 않고, 오히려 민폐만 끼치는 거 같고, 저런 사람이 어찌 구원받을 수 있을까 의문이 드는 그런 사람 말이에요.

중요한 건 지금 모습이 끝이 아니라는 거예요. 지금 현재 부족하고, 아직 성화되어가는 과정 중이에요. 변화되어가는 과정이 더딜 수는 있으나 지금의 모습만이 아니라 이후 하나님의 나라에 가기까지 삶 전체를 봐야 해요.

마틴 로이드 존스 목사님도 이렇게 말했어요.

"누가 볼 때 저 사람이 과연 구원받을 수 있을까? 의문이 드는 사람이 있을 수 있다. 그러나 그가 지금까지 오기까지 얼마나 많은 시간들과 과정들을 보내면서 왔는지 모를 수 있다. 몇 년을 지켜보고 많은 시간을 지켜봤는데, 저 사람은 구원받지 못한 존재인 것처럼 보일지 모르나 하나님은 인내와 기다림 가운데 한 영혼을 변화시켜 가시고 구원을 이루신다."

지금의 모습이 아닌 하나님의 택하심 가운데 그 인생을 맡기며 지켜보는 게 중요해요. 그렇다면 하나님이 우리를 예정하셨다는 건 무슨 뜻일까요? 우리에겐 이런 질문이 있어요.

"하나님이 예정하셨다는데, 저 사람도 구원받을 수 있을까?"
"내가 전도하고자 하는 사람이 구원받지 못할 자로 예정받았으면 어떡하지?"

물론 충분히 고민할 문제이고, 정말 그 답을 알고 싶은 질문 중에 하나예요. 하나님께서 예정하셨다는 것이 어떤 의미일까요? 예정론이 뭘까요?

우선 예정하셨다는 것은 운명론이나 숙명론을 말하는 것은 아니에요. 하나님은 우리를 로봇처럼 만들지 않았어요. 천사처럼 하나님이 부리시려고 만들지도 않았어요. 하나님은 우리를 특별하게 만드셨어요.

분명 피조물에 불과하지만 하나님은 우리를 자녀로 삼아주셨어요.

하나님께 은혜를 얻게 된 거예요. 은혜라는 말이 무슨 의미인지 아시죠?

선물을 받을 만한 존재가 아닌데 엄청난 선물을 받게 되었다는 의미예요. 그런 엄청난 은혜를 받은 존재가 바로 우리예요.

다시 원래 이야기로 돌아가서, 우리는 하나님의 뜻을 알고 싶어 해요. 그래서 내가 누구랑 결혼해야 할지 내가 어떤 직업을 정해야 할지, 당장 내일 무엇을 할지 고민하면서 오늘을 살아가요. "하나님, 나를 향한 하나님의 예정, 계획하심이 어느 쪽입니까?" 질문해요.

그 질문이 잘못된 것은 아니에요. 하지만 우리가 하나님의 뜻을 묻고 알아가는 과정 가운데, 하나님의 뜻이 분명 있지만, 우리에게 알려 주시지 않아요.

인내와 기다림 가운데 살아가게 하실 때가 많아요. 그런데 우리는 이런 걸 걱정하죠.

"이미 모든 것이 정해져 있고, 그것을 어기면 벌을 받거나 징계를 받는 거야."

아니에요! 하나님은 우리를 향한 계획이 있고, 분명 이끌어 가시겠지만 하나의 정해진 정답을 찾으라고 모래사장에서 바늘 찾기 같은 시험을 하시는 분이 아니에요.

하나님의 예정하심은 단순히 내가 뭐가 되고 어떤 일을 하고 미래에 무엇을 준비할 것인가에 포커스가 맞춰진 것이 아니라 다른 의도를 담고 있어요. 그것을 우리가 알아야 해요.

김남준 목사님은 구원과 하나님의 계획을 말씀할 때 이렇게 이야기하셨어요.

"성경은 예정을 전망적으로 이야기하지 않고, 역망적으로 이야기합니다. 다시 말해서 이미 구원받은 사람이 이미 믿음을 가진 자기 자신을 회고하면서 태초부터 예정하신 은혜를 생각하는 것입니다."

하나님이 예정하셨다는 것은 저 사람이 구원받았는지, 저 사람의 삶을 보니 구원을 못 받겠다 평가하고 판단하라는 용도가 아니에요.
누군가를 지켜보며, 그 사람의 미래를 전망해보라는 도구가 아니라는 말이에요.

"지금까지 나를 이끄신 하나님의 인도하심을 보니... 나는 구원받지 못할 존재인데 하나님이 이렇게 이끌어오셨구나. 이 모든 것이 하나님의 은혜이다! 이런 부족하고 연약한 나도 하나님이 버리지 않으시고 구원하셨구나!"

이것을 깨닫고 보게 하는 것이 하나님의 예정하심의 진짜 의미예요. 분명 하나님이 택한 자와 유기될 자를 하나님이 예정하셨고, 또 선택하신 것이 맞을 거예요. 그런데 우리는 그게 누구인지 알 수 없어요.

김남준 목사님은 이렇게 말씀하셨어요.

"오히려 복음을 전하고 끝까지 기다려봄으로써 그가 구원으로 예정이 되었는지 안 되었는지를 확인할 수 있게 하신 것입니다. 이것도 하나님의 예정입니다."

우리는 다만 나를 돌아보며, 지금까지 인도하신 하나님께 감사의 고백을 드리며 누군가를 평가하고, 전망하는 안경으로서의 예정론이 아니라 거울과 같은 도구로서 예정론을 이해해야 해요.

우리를 존재하게 하신 하나님께서 목적을 갖고 계시고, 우리가 이 땅을 살아가면서 그 은혜를 받은 존재로서 어제도 하나님 안에서 살아왔다면, 오늘도 하나님을 의지하며 하나님의 손에 붙들리는 게 중요함을 기억하며 살아가는 게 필요해요.

그리고 때를 얻든지 못 얻든지 '너는 말씀을 전파하라'는 말씀처럼 최선을 다해 복음을 전하고 살아가는 삶을 살아갈 책임이 있어요.

20
왜 지키기 힘든 계명을 주셨나요?

계명의 목적: 행복!

마틴 루터는 이렇게 말해요.

"율법은 '이것을 하라'고 말하지만 되는 일은 아무것도 없다. 은혜는 '이것을 믿으라'고 말하는데 모든 일은 이미 되어 있다!"

팀 켈러는 〈센터처치〉에서 이렇게 말해요.

"루터는 십계명의 연구에서 우리가 다른 계명들을 깨뜨릴 때는 반드시 첫 번째 계명을 깨뜨린다는 것을 결론적으로 보여주었다."

우리가 거짓을 말하거나 간음하거나 도적질한다는 것은 소망, 기쁨, 의미 등에 있어서 하나님보다 더 중요한 것이 마음에 있다는 방증이에요.

전, 여기서 한 구절에 눈이 머물렀어요.

"우리가 다른 계명들을 깨뜨릴 때는 반드시 첫 번째 계명을 깨뜨린다"

마틴 루터의 십계명 연구에 나오는 말이에요.

내가 하는 거짓말은 단순히 거짓말을 하는 게 아니에요. 내가 누군가를 미워하는 것은 그냥 미움이 아니에요. 내가 다른 누군가의 것을 훔치는 것은 어쩌다 손버릇이 나빠서 도적질한 게 아니에요. 나에게 반복적인 죄를 짓는 모습이 있는 것은 단순히 내가 부족하고 연약해서만이 아니에요.

결국은 제1계명을 깨뜨린 거예요. 십계명 첫 계명은 이렇게 말해요.

"너는 나 외에 다른 신을 네게 두지 말지니라"

결국 하나님을 믿지 못함의 표증인 거예요. 우리가 말로는 "주여", "주여" 하고 있지만 주님은 이렇게 말씀하시는 거예요. "내가 도무지 너를 모른다."

우리에게 요구하시는 것은 이거예요.

> "주여, 주여 하는 자마다 다 천국에 갈 것이 아니라
> 하늘 아버지의 뜻대로 행하는 자라야…"

하나님의 뜻대로 살아가는 것이 중요해요. 머리로 아는 것보다 믿는 대로 사는 것이 중요해요!

> "우리가 다른 계명들을 깨뜨릴 때는 반드시 첫 계명을 깨뜨린다."

이 말은 리트머스 시험지와 같아요. 우리의 상태를 확실하게 보게 만들어요. 우리가 종교적으로 우상을 섬기지 않고 안식일을 잘 지키고 하나님을 욕하지 않았다 할지라도 이미 하나님을 완전하게 믿지 못함의 증거예요.

팀 켈러 목사님은 이렇게 말했어요.

"우리가 거짓을 말하거나 간음하거나 도적질한다는 것은 소망, 기쁨, 의미 등에 있어서 하나님보다 더 중요한 것이 마음에 있다는 것이다."

나를 보니 절대적으로 공감하고, '그렇구나'라고 인정할 수밖에 없어요. 핑계를 댈 수가 없어요.

그럼 이제 내가 이전과 다르게 살길은 무엇일까요? 내가 어떻게 해야만 바르게 살 수가 있을까요?

팀 켈러 목사님은 이렇게 말해요.

"도덕주의적 행동변화(를 추구하는 것은)는 결국 불안정, 억눌린 분노와 죄책감, 영적 무감각 등의 결과로 이어진다. 우리는 복음과 그리스도의 사역에 초점을 맞춰야 한다."

복음밖에 없고, 복음만이 살길이에요.

성경은 말해요.

"내가 오늘 네 행복을 위하여 네게 명하는 여호와의 명령과 규례를 지킬 것이 아니냐"

(신명기 10:13)

진정한 행복은 여호와의 명령과 규례를 지키는 거래요. 그래서 우리에게 계명을 주셨다고 말하고 있어요.

우리 행복을 위해서 하나님의 말씀을 지키고 살라고 하지만 그렇게 살기가 어려워요. 우리는 그렇게 살 수 있는 능력이나 힘이 없거든요. 그래서 우리에겐 예수님이 필요해요.

"주님, 저는 죄인입니다. 불쌍히 여기소서…"

세리의 기도가 절실한 상황이에요. 나의 상태를 있는 그대로 고백하며, 주님의 은혜를 구하며 "주님이 소망이에요", "나를 불쌍히 여겨 주세요!" 엎드림이 필요해요.

복음의 목적: 행복!

다시 마지막으로 정리하면 하나님께서는 우리에게 왜 율법과 계명을 주셨을까요? 단순히 힘들게 하려고? 아니에요!

마틴 루터의 〈소교리문답〉(개신교 최초 문답서)에 보면 십계명을 설명해요.

"너는 나 외에 다른 신을 네게 두지 말지니라"(1계명)

"너는 네 하나님 여호와의 이름을 망령되게 부르지 말라"(2계명)

"네 부모를 공경하라"(5계명)

"살인하지 말라"(6계명)

"간음하지 말라"(7계명)

"도적질하지 말라"(8계명)

"네 이웃의 것들을 탐하지 말라"(10계명)

위 십계명을 하나하나 말하면서 그럼 "이것은 무슨 뜻입니까?"라는 질문에 공통된 말로 답할 수 있어요.

"하나님을 두려워하고 사랑하라는 뜻이에요"

십계명은 족쇄나 우리를 단순히 도덕적인 사람이 되라는 의미를 뛰어넘어서 진정 "하나님을 두려워하고 사랑하라"는 뜻이에요.

팀 켈러 목사님은 이렇게 말했어요.

"종교와 복음의 차이를 보여주지 못하면 사람들은 도덕과 변화된 마음을 혼동할 것이다!"

마르틴 루터는 〈대교리문답〉에서 이렇게 말했어요.

"살인하지 말라(십계명 중 6계명)는 단순히 악행을 금하라는 뜻만 가르치지 않습니다. 더 나아가 이웃에게 선을 행하지 않아 피해를 미연에 방지하지 못하고 미리 보호하지 못할 때, 미리 구하지 못하여 고통과 피해를 입게 되는 것까지 포함됩니다."

예를 들어 당신이 옷을 입힐 수 있는 형편인데도 헐벗은 자를 그대로 두면, 당신은 그를 얼어 죽게 버려둔 것입니다. 배고픔으로 고통당하는 자를 보았는데도 먹이지 않는다면 당신은 그를 굶어 죽게 만든 것입니다. 어떤 말이나 행동으로 죽음을 방조한 일이 없다고 변명할지라도 아무 소용이 없습니다. 그 이유는 바로 당신 스스로 사랑의 권리를 제거해버렸고 이웃의 생명을 연장하고 누리도록 하는 선행을 스스로 하지 않았기 때문입니다. 하나님은 이런 자를 향하여 '살인자'라고 부르십니다.

주요 5개 이단 쪼개기

전 세계에서 신이 가장 많은 나라가 인도이고 두 번째가 일본이라고 해요. 기독교 이단 사이비가 가장 많은 나라로 (정확한 통계에 의한 수치는 아니지만) 미국, 중국, 한국을 꼽아요. 다만 땅 덩어리 대비 기독교 이단 사이비가 압도적으로 많은 나라가 한국이라는 사실은 부인할 수 없어요.

한국은 자생적인 이단 사이비가 발생하기 전 이미 외국에서 전래된 이단이 먼저 활동한 나라예요. 또한 초기 개신교 전래과정에서 건전한 종말론보다는 다소 왜곡된 종말론이 주류인 것처럼 유입되었어요.

한국에 종말론 이단 사이비가 성행하기 좋은 토양을 제공한 셈이죠. 현재 한국에는 신도 수십만 명을 보유한 초대형 이단 사이비부터 몇십 명을 보유한 군소 이단 사이비까지 다양하게 활동하고 있어요.

얼마나 많은 이단 사이비가 활동하고 있느냐에 대한 실태 파악조차 어려운 지경이에요. 군소 이단 사이비의 경우 특성상 제보자나 탈퇴자가 나오지 않으면 어디에서 어떻게 활동하는지 알 수 없어요.

때문에 드러나지 않은 이단 사이비가 얼마나 더 많은지 예상하기 어려워요. 한국에 있는 많은 이단 사이비 중에서 가장 활발하게 활동하며 많은 피해사례를 양산하고 사회적으로 물의를 일으키는 다섯 단체를 선별해 주요 교리, 포교방법, 피해사례 등을 간단하게 알아볼게요.

1. 신천지예수교 증거장막성전

한국교회에 가장 큰 피해를 안긴 사이비 단체를 뽑으라면 대다수가 주저 없이 신천지를 꼽을 거예요. 신천지는 각종 위장과 거짓말을 동원해 교회 안과 밖에서 많은 사람들을 미혹하는 동시에 학업포기, 이혼, 가출, 집단 폭행, 납치 등 각종 반사회적인 문제를 일으켜왔어요.

전도관, 장막성전 등 사이비 종교를 전전하던 이만희(1931)는 1984년 3월 14일 신천지예수교 증거장막을 시작했어요. 1990년대에 들어서면서 '무료 성경 신학원'을 운영하고 각종 거짓말과 위장 포교를 하면서 세를 확장해왔지요. 신천지는 현재 약 20만 명의 신도를 보유한 한국의 최대 이단 사이비 단체예요.

무엇을 믿나?

신천지는 교주 이만희를 죽지 않고 영원히 사는 구원자로 믿어요. 그는 요한계시록의 '이기는 자'를 '이긴 자'로 왜곡해 자신이 이긴 자라고 주장해요. 요한계시록에 나오는 두 증인, 철장으로 만국을 다스릴 아이, 대언자 등이 자신을 가리킨다고 가르쳐요.

그러한 가르침으로 신천지는 초림 때 하나님의 새 이름으로 예수님이 오셨고, 예수님의 새 이름으로 온 자가 이긴 자인 이만희라고 믿어요. 비유로 된 성경을 통달한 곳은 신천지뿐이라며, 요한계시록의 상징 비유들을 신천지 역사에 대입해서 해석하죠.

가령 요한계시록 몇 장 몇 절은 신천지에서 몇 년도에 있었던 일이라는 식이에요. 이를 실상 교리라고 해요. 신천지는 사도 요한이 환상 중에 요한계시록을 '기록'했고 이만희는 그 천국의 실상을 보고 계시록을 '증거'하는 사람이라고 믿어요.

이만희는 6,000년 동안 감춘 비밀을 풀어주는 존재예요. 또한 신천지는 전 세계의 종교를 통합해 신천지로 이름 하겠다는 민망한 주장도 서슴없이 해요.

신천지의 가장 핵심 교리는 요한계시록 20장 4절에 근거한 신입 합일이에요. 신천지의 근간을 이루는 교리라고 할 수 있어요.

> "또 내가 보좌들을 보니 거기에 앉은 자들이 있어 심판하는 권세를 받았더라 또 내가 보니 예수를 증언함과 하나님의 말씀 때문에 목 베임을 당한 자들의 영혼들과 또 짐승과 그의 우상에게 경배하지 아니하고 그들의 이마와 손에 그의 표를 받지 아니한 자들이 살아서 그리스도와 더불어 천 년 동안 왕 노릇 하니"
>
> (요한계시록 20:4)

신천지는 요한계시록 20장 4절을 왜곡해, 순교한 영혼과 이 땅에서 짐승과 우상에게 경배하지 않은 신천지인들이 합일을 이루어 신천지 시대가 열린다고 믿어요.

그러나 요한계시록 20장 4절의 순교한 영혼과 짐승과 그의 우상에게 경배하지 않은 자들은 별개의 존재가 아니랍니다. 정확하게 번역하면 "하나님의 말씀 때문에 목이 베인 영혼들을 보았다. 그들은 그 짐승이나 그의 형상에 절하지도 않고 그들의 이마와 손에 그의 표를 받지도 않았다"에요.

다양한 포교방법 그러나 끝은 성경공부

신천지의 이러한 황당한 교리에도 불구, 교세는 한국에만 약 20만 명에 달하며 매년 약 1만 명이 신천지에 미혹되고 있어요. 교세를 넓히는 일등 공신은 신천지가 사용하는 위장 포교방법이에요.

"신천지 같은 이단을 조심해야 한다"는 거짓말까지 동원된 포교에 많은 사람이 속고 있어요. 최근 신천지가 자신들의 이름을 드러내 놓고 소위 '공개 포교'를 하기도 하지만, 계속된 위장 포교에 지친 신도를 단속하기 위한 내부용일 뿐이에요. 하지만 이미 반사회적인 공감대가 형성된 지금은 그 효과를 거두기 어려워요.

신천지의 위장 포교는 교회 밖 포교와 교회 안 포교로 나눌 수 있어요. 두 가지 모두 상대방이 신천지를 전하는 사람을 신뢰할 수 있도록 믿게 하는 관계 맺기에 중점을 두고 있어요. 신천지는 포교를 위한 거짓말을 정당화하기 때문에 포교 도중에는 각종 거짓말이 난무해요.

선교단체 간사, 기독교 관련 기관 직원, 전도사, 선교사, 목사로 사칭, 교단 마크를 도용한 위장교회, 위장 문화센터, 취미를 공유하는 인터넷 카페, 각종 위장 설문 조사를 통한 신상 파악, 아르바이트 사이트, 인성 강의, 멘토링 수업 등 사람과 사람이 만날 수 있는 가용한 모든 방법을 사용하죠. 때문에 "이런 방법을 사용하면 신천지인가요?"라는 질문이 의미가 없어요.

신천지는 일명 '추수꾼'이라는 이름으로 교회 안으로 침투해요. 침투 전 출석 성도는 기본이고, 교회의 분위기, 목사의 설교 스타일, 교회에서 중직자가 앉는 자리까지 파악하고 들어와요.

교회의 분쟁에 개입해 찬성과 반대파 모두에 들어가 사소한 문제를 크게 만들거나, 믿음이 연약한 성도들에게 접근해 교회를 비난해요. 교회를 떠나는 성도 혹은 교회에 대한 회의감을 가진 성도들을 찾아 집중 공략한답니다.

최근 몇 년간 신천지는 HWPL(Heavenly culture World peace Restoration of Light), IWPG(International Women's Peace Group), IPYG(International Peace Youth Group) 등의 위장 평화단체를 앞세워 이미지를 세탁하고 신도들을 결속하기 위해 대형 평화행사를 개최하고 있어요. 이 단체는 최근 해외 각국을 다니며 가장 많이 활동하는 단체이니 명칭을 숙지할 필요가 있어요.

신천지의 포교, 어떻게 분별하나?

신천지는 이처럼 다양한 방법으로 포교 대상자에게 접근하기 때문에 접근 자체를 원천 봉쇄하긴 어려워요. 또한 내게 오는 모든 접근을 신천지라고 할 수도 없어요. 그렇다면 어떻게 해야 할까요?

첫째, 확인과 검증 절차가 필요해요. 간사, 전도사, 목사, 공신력 있는 기관을 사칭하는 경우가 많기 때문에 해당 단체 혹은 교회에 문의해야 해요. 혹시나 설문 조사할 때는 신상을 적지 않는 것이 매우 중요해요.

둘째, 신천지 포교의 끝은 성경공부예요. 신천지의 각종 포교는 성경공부로 인도하기 위한 사전 포섭이에요. 처음부터 이만희를 구원자로 믿는 사람은 없기 때문에 자신들의 교리를 주입시킬 과정이 필요하죠.

한 가지 예를 들면, 청각장애인을 위한 설교 타이핑 아르바이트 구인광고를 통해 사람을 모은 뒤, 설교를 타이핑하려면 성경에 대한 기본적 지식을 가져야 하지 않겠느냐며 성경공부로 유도하는 방식이죠. 2~3개월 동안 일대일 혹은 소그룹으로 공부해요.

적게는 20명, 많게는 40명 정도 되는 학원의 형태로 이루어진 센터에서 6~7개월 과정이 이어져요. 신천지는 대상자와 성경공부를 시작하게 되면 사탄의 방해가 시작되니 절대로 부모나 교역자에게 알리지 말라고 해요. 의도했든 의도하지 않았든 사람과의 만남이 위와 같은 형태의 성경공부로 이어졌다면 당장 성경공부 모임을 그만둬야 해요.

한편, 신천지는 오로지 개역한글판 성경만을 사용하니 이 부분도 기억하면 분별에 도움이 돼요.

각종 피해사례

신천지를 사이비라고 부르는 이유는 교리적으로도 이단이지만, 교리로 인해 많은 피해사례가 발생하기 때문이에요. 신천지에 빠진 수많은 학생이 학업을 포기하고, 가출을 했어요.

이만희는 공개적으로 신천지를 믿지 않는 가족과는 "갈라서라(이혼)"고 설교했고, 많은 신도가 남편 혹은 아내에게 이혼 서류를 내밀고 헤어졌어요.

이 밖에 신도들은 탈퇴자 납치, 집단폭행, 위치추적기를 이용한 감시 등 각종 범죄 행위를 스스럼없이 행해 많은 법적인 처벌을 받았어요.

2. 하나님의교회 세계복음선교협회

아버지 하나님이 있으면 어머니 하나님도 있어야 하지 않느냐며 어머니 하나님을 주장하는 단체가 있어요. 이 단체는 1985년에 사망한 안상홍을 하나님으로, 살아있는 장길자라는 여성을 어머니 하나님으로 믿는 하나님의교회 세계복음선교협회예요.

제칠일안식일예수재림교회 출신인 안상홍은 1964년 하나님의교회 예수증인회를 창설하고 본부를 부산에서 서울로 옮기면서 본격적인 활동을 시작했어요.

안상홍 사망 후 하나님의교회는 몇 가지 분파로 나뉘었는데, 그중 교세가 가장 크고, 피해사례가 가장 많은 곳이 하나님의교회 세계복음선교협회에요.

흥미로운 사실은 안상홍은 어머니 하나님의 존재를 인정하지 않았다는 점이에요. 안상홍이 살아있을 당시 엄수인이라는 여성이 어머니 하나님 론을 주장했어요. 당시 안상홍은 사탄의 가르침이라고 비판했죠.

그런데 안상홍이 죽자 현재 총회장이자 실세인 김주철이 장길자를 어머니 하나님으로 추대했어요. 즉 현재 일반적으로 알려진 장길자 어머니 하나님을 내세운 하나님의교회는 안상홍의 가르침을 정통으로 이어받지 않은 아류예요.

무엇을 믿나?

하나님의교회는 하나님이 인류의 구원을 위해 이 세상에 세우신 교회는 오직 하나라며 자신들이 하나님의 유일한 교회라고 주장해요.

이들은 구약시대 성부 여호와 하나님이 신약시대에 아들의 입장으로 오신 분이 예수님이고, 성경의 예언대로 이 시대에 재림한 예수 그리스도가 곧 안상홍이라고 믿어요.

요한계시록 22장 17절의 신부를 어머니 하나님으로 곡해하여 성경이 어머니 하나님이 인류를 구원할 것이라고 예언하고 있다고 주장하죠. 유월절과 안식일을 지켜야 구원을 얻는다고 믿고, 교회에 십자가를 세우는 행위를 우상숭배라고 말해요.

하나님의교회는 1988년, 1999년, 2012년에 종말이 온다며 시한부 종말론을 설파하고 종말을 이용해 신도들에게 공포심을 심었어요.

하나님의교회는 어떻게 포교하나?

하나님의교회의 대표적인 포교방법은 궁금증을 유발하는 멘트가 담긴 설문지를 이용해 설문조사를 하는 것이에요.

▲하나님의 존재에 대해 어떻게 생각하십니까?
▲성경의 안식일은 무슨 요일이었을까요?
▲성경을 어떤 책으로 알고 계십니까?
▲한국인의 정서에 가장 적합한 종교는 무엇이라고 생각합니까?
▲12월 25일 성탄절은 어디에서 유래했을까요?
▲어떤 경우가 가장 이단적이라고 생각되나요?
▲세상의 종말에 대해 어떤 견해를 가지고 계시나요?

이런 내용이 가장 대표적인 멘트예요.
스마트폰이나 태블릿 PC로 영상 등을 보여주며 접근하는 경우도 많아요. 어머니 하나님 홍보 영상, 하나님의교회 자체 홍보 영상 등을 보여주는 거죠. 특히 천재지변을 통해 종말의 공포심을 조장하는 영상을 보여 주면서 종말에 대한 궁금증을 유발하기도 해요.

어머니 사진전을 이용한 포교도 있어요. 하나님의교회는 어린아이를 둔 젊은 엄마들에게 많이 접근해요. 어린 자녀를 키우며 친정어머니에 대한 그리움이 많은 시기의 사람들에게 엄마에 대한 향수를 불러일으키는 사진전을 이용해서 접근하는 거죠.

종말을 빌미로 재산 갈취

시한부 종말론을 설파하는 이단 사이비의 대표적인 피해사례가 재산헌납이에요. 하나님의교회는 종말을 이용해 신도들에게 공포감을 심는 동시에 도피처를 제시했어요.

도피처는 '시온' 즉 하나님의교회 라고 교육했어요. 신도들은 '북방에서 큰 재앙과 멸망이 시작되면 시온으로 도피하라'고 교육받아왔어요. 탈퇴자들에 따르면 '북방'은 '북한'을 뜻해요.

북한의 핵 도발을 기점으로 재앙이 시작되는데, 이때 하나님의교회 건물로 도피해야만 살아남을 수 있다고 가르쳤어요. 도피처 건축은 신도들의 재산을 갈취하는 좋은 명분이었어요. 신도들은 "종말이 오므로 재물을 땅에 두기보다 하늘에 소망을 두라.", "하나님께 제일 큰 축복을 받을 수 있는 방법은 하나님의 성전을 짓는 데 필요한 자금을 드리는 것"이라는 설교를 반복적으로 들었어요.

적금과 보험 해약은 물론, 자가에서 전세로, 전세에서 월세로 집을 옮기면서까지 헌금하는 신도들이 발생했어요. 건축헌금은 하나님의교회 재정의 가장 큰 부분을 차지해요. 건축헌금이 십일조 보다 일만 배 이상인 지역도 있었어요. 부부 중에 한 사람만 하나님의교회 신도인 소위 짝 믿음의 경우 재산 헌납에 따른 이혼 사례가 많아요. 심지어 종말이 오니 아이를 낳을 필요가 없다며 낙태를 종용한 경우도 있었어요.

사회적 공신력 확보를 위한 노림수

하나님의교회는 시한부 종말론 설파에 따른 재산 갈취, 이혼 등 각종 사회적인 문제가 사회적으로 알려지자 공신력 확보를 위해 다양한 봉사활동을 하고 있어요.

'국제 위 러브 유 운동본부', 'ASEZ'가 대표적인 하나님의교회 봉사단체예요. 하나님의교회는 자신들의 활동을 언론을 통해 의도적으로 노출시키고 있어요. 그것은 자신들을 공신력 있는 종교단체로 포장하기 위해서예요.

3. 구원파

2014년 4월 16일, 인천을 출발해 제주로 가던 여객선 세월호가 전남 진도군 인근 바다에서 침몰했어요. 탑승객 476명 가운데 295명이 사망했는데, 사망자 중 다수가 수학여행을 가던 안산 단원고 학생들이었어요.

안타까운 사고 이후 언론에서는 구원파라는 이름이 등장하기 시작했어요. 사실 과거 언론에서는 '사이비' 같은 사회적인 용어는 사용했지만 '이단', '구원파' 등 종교적 색채를 띤 단어는 사용하기를 꺼려했어요.

그러나 세월호 사건 직후 구원파, 이단이라는 단어가 공공연하게 사용되기 시작했어요. 유병언 구원파와 관련된 보도들이 한 달가량 거의 모든 언론의 헤드라인을 장식했어요.

공식 명칭

구원파에 접근함에 있어 이들의 공식 명칭부터 정확하게 짚고 넘어갈 필요가 있어요. 구원파라는 이름은 이들이 구원에 대한 잘못된 교리를 견지하기에 정통교회가 이들을 이단으로 규정하며 붙인 별칭이에요.

따라서 구원파는 공식 명칭이 아니며 한 단체도 아니에요. 살펴보면 한국의 구원파의 원조라고 볼 수 있는 기독교복음침례회(권신찬(사망),

유병언(사망), 유병언의 교회 내에서의 지나친 사업행위에 반대해 기독교복음침례회를 탈퇴해 새로운 분파를 형성한 생명의말씀선교회(대한예수교침례회, 이요한), 독자적으로 세력을 형성한 기쁜소식선교회(박옥수)가 있어요.

세 단체는 구원파라는 이름으로 묶이지만 별개의 단체이기 때문에 구분해서 이해할 필요가 있어요.

잘못된 죄관

구원파는 구원관이 정통교회와 달라요. 정통교회는 예수 그리스도를 믿는 믿음으로 구원을 얻는다고 고백해요.

그러나 구원파는 구원받았다는 사실을 '깨달음'으로 구원을 얻는다고 주장해요. 죄를 이해하는 방식도 달라요. 구원파는 죄를 존재론적으로 이해해요. 즉, 나에게 '죄'라는 존재가 있다가 구원받으면 죄라는 존재가 사라지니 더 이상 죄인이 아니라는 뜻이에요. 구원받은 후 죄인이라고 고백하면 구원받지 못한 증거라고 말해요.

그러나 죄는 존재가 아닌 관계론적으로 이해해야 하는 거예요. 죄는 원천적으로 하나님께 불순종하는 것을 말해요. 하나님과 인간의 관계 속에서 죄를 이해해야 하죠. 인간은 구원을 받았지만 아직 구원이 완성된 것은 아니에요.

성경은 구원을 과거, 현재, 미래의 세 가지 시제로 말해요. 예수 그리스도를 믿는 순간 구원을 받지만(과거), 구원의 완성을 위해 살아가고 있으며(현재), 예수님이 재림하실 때 우리의 구원은 완성돼요(미래). 그래서 바울은 "두렵고 떨림으로 너희 구원을 이루라"라고 말씀한 거예요.

이미 구원은 받았지만 아직 구원이 완성된 것은 아니에요. 현재 우리는 '이미'와 '아직'의 긴장 상태에서 살아가고 있음을 기억해야 해요.

한편, 이요한 구원파는 시한부적 종말론을 주장해요. 종말의 날짜를 정하는 것을 시한부 종말론이라고 불러요. 그런데 특정한 날짜를 정하진 않았지만 대략 어느 시점일 것이라고 주장하는 것을 시한부적 종말론이라고 말할 수 있어요.

80세를 바라보는 이요한 씨는 자신이 살아 있을 때 예수님이 재림하실 것이라는 설교를 여러 차례 하면서 시한부적 종말론을 설파하고 있어요.

박옥수 구원파의 다양한 문화 활동

구원파 중 문화를 이용한 포교활동의 선두주자는 박옥수 구원파예요.

IYF(International Youth Fellowship, 국제 청소년 연합)는 전국의 거의 모든 대

학에서 활동한다고 봐도 무방해요. IYF는 월드 문화캠프, 세계 청소년 장관포럼, 세계 대학 포럼, 대학생 리더스 컨퍼런스, 세계문화댄스 페스티벌, 세계문화엑스포, 굿뉴스코 해외봉사단, 영어 말하기 대회 등 대학생, 청년들이 관심 가질 만한 다양한 프로그램을 개최해요.

IYF에서 개최하는 행사에는 세계 각국의 청소년, 청년들이 참석하고, 여러 나라의 장차관급 인사, 국회의원, 대학총장, 유명 스포츠 스타 등이 와서 강의하기도 해요.

물론 이들이 모두 박옥수 구원파라서가 아니에요. 구원파는 종교색을 배제하고 요청하기 때문이에요. 즉 많은 청년들이 모인 곳에 와서 힘들고 아파하는 청춘들에게 꿈과 비전의 메시지를 전해달라고 요청을 하는 거예요. 많은 이단 사이비가 위장 행사를 하지만 IYF 행사들은 대부분 위에서 언급한 공식명칭을 사용하니 행사 명칭을 정확하게 기억하는 것이 박옥수 구원파 예방의 지름길이에요.

최근 몇 년간 박옥수 구원파에서 공들여 온 포교방법이 마인드 교육원을 이용한 강의예요. 전국의 많은 초, 중, 고등학교와 대학교, 각종 관공서는 물론 전 세계 각국에서 마인드 및 인성교육이 진행되고 있어요. 마인드 교육원의 주장에 따르면 2013년 설립 이후 2015년 11월까지 전 세계에서 약 4,880회 강의가 이루어졌고, 참석자 수는 3,860,000여

명에 달한다고 해요. 마인드교육은 종교색을 배제한 자연스러운 포교의 수단으로 활용돼요.

마인드 교육은 박옥수로부터 시작했는데, 그는 마인드 강연의 핵심이 "자기 자신을 믿지 말고 하나님을 믿는 것"이라고 밝힌 바 있어요. 기쁜소식선교회는 마인드 강연을 앞세워 해외에까지 진출하며 공신력을 확보하는 중이에요.

공동육아 커뮤니티를 만들어 어린 자녀를 둔 가정을 대상으로 포교하기도 해요. 서울시 서초구에서 인지도 높은 공동육아 커뮤니티 '맘키움'은 박옥수 구원파 신도들이 만든 커뮤니티예요.

이들은 2016년, 서초구 양성평등지원 사업과 양재 종합사회복지관 주민 소모임 지원 공모사업에 선정되기도 했어요.. EBS와 KBS1 라디오에 활동이 소개되었고, 서초구 내곡동 주민참여 사업에 선정되어 활동하기도 했어요.

서울, 대전, 강릉 등지에 지부를 두고 지역구 정치인들과도 소통하고 있어요. 기쁜소식선교회는 서울 서초구의 맘키움을 필두로 수원의 맘오니, 대전의 맘소울, 대구의 맘드림 등이 공동육아 커뮤니티를 구성하여 활동하고 있어요.

이들은 부모와 아이가 참여하는 레크리에이션 프로그램을 진행하는

데, 마인드 교육을 병행하고 마인드 교육원의 강사로 박옥수 구원파의 유관기관인 국제마인드 교육원 소속의 강사를 배치해요. 대다수가 기쁜소식선교회 목사예요.

이외에 그라시아스 합창단을 앞세운 수준 높은 공연을 개최하거나, 「Tomorrow」라는 잡지를 제작해 전국 유명 커피숍에 배포하고 있어요. 이같이 박옥수 구원파는 문화 활동을 통해 다양한 포교활동을 진행하고 있어요.

4. 여호와의 증인

"성경을 전하는 사람들입니다"라며 가가호호 포교를 벌이는 이들, 길거리에 가판대를 설치하고 「깨어라」, 「파수대」 등의 책자를 홍보하는 이들을 보신 적 있죠?

여호와의 증인은 1980년 대 미국에서 찰스 테즈 러셀이 동료들과 성경연구를 시작한 것이 기원으로 알려져 있어요. 여호와의 증인이라는 이름은 찰스 테즈 러셀이 사망한 이후 2대 회장으로 취임한 죠셉 리더퍼드에 의해 사용되기 시작했어요. 한국에는 1912년 R.R. 홀리스터를 통해 전래되었어요.

여호와의 증인의 이단적 교리들

여호와의 증인은 예수님이 피조 된 존재라며 삼위일체를 부정해요. 초대교회에 나타났던 이단인 아리우스와 동일한 주장을 펼치는 거예요.

이들은 예수 그리스도의 육체적, 가시적 재림을 부정하고 1914년부터 예수님이 하늘의 왕으로 등극하여 통치하기 시작한 해라고 주장해요. 근거로 다니엘 7장 13, 14절을 제시하는데 실상 아무런 논리적 근거가 없어요.

여호와의 증인은 지옥을 부정하면서 악인의 영혼은 완전히 소멸된다는 영혼 멸절설을 주장해요. 또한 국가체제를 사탄의 체제로 이해해 투표와 병역을 거부해요. 게다가 피에는 생명이 있다고 믿기 때문에 수혈을 거부해요.

실제로 수혈을 거부해 사망한 사례가 다수 존재해요. 여호와의 증인의 이러한 반사회적인 교리와 문제점으로 인해 러시아에서는 활동 금지 및 법인 해산, 스위스에서는 공공장소 포교 금치 조치가 내려지기도 했어요.

양심적 병역거부 인가 종교적 병역거부 인가?

2018년 6월 28일, 헌법재판소는 "대체복무제를 병역의 종류로 규정하지 않은 병역법 5조는 헌법 불합치"라고 결정했어요. 이에 따라 국방부는 2019년 12월 31일까지 대체복무제가 포함된 병역법 개정안을 마련해야 하죠.

우리 대법원은 2018년 11월 1일, 최초로 병역 거부자에 대해 무죄 판결을 내렸어요. 2004년 서울 남부지방법원에서 입영 거부자에 대한 첫 무죄 선고가 내려진 이후 14년 만에 대법원에서 무죄판결이 내려졌어요.

문제는 병역 거부자의 대다수가 여호와의 증인 신도라는 점이에요. 2004년부터 2013년도까지의 병역 거부자 6164명 중 6118명이 '여호와의 증인' 신도들로 무려 99.2%에 달하고 있어요.

여기서 우리가 분명하게 짚고 넘어가야 할 부분이 있어요. 대한민국 국방부와 병무청은 양심적 병역 거부라는 말 자체를 인정하지 않아요. 오래전부터 '입영 및 집총 거부자'로 통칭해 왔죠. 병역법 88조(입영의 기피 등)는 현역 입영 또는 소집 통지서를 받고도 정당한 사유 없이 입영하지 않으면 3년 이하의 징역에 처하도록 규정해요.

여호와의 증인은 왜 병역을 거부할까요? 여호와의 증인 신도들은 평화를 사랑하는 '양심' 때문에만 병역을 거부할까요? 여호와의 증인은 병역을 거부하고 투표와 국기에 대한 경례도 하지 않아요. 자신들은 평화, 정치적 중립, 우상숭배라는 각각의 이유를 들지만 가장 큰 이유는 따로 있어요.

여호와의 증인 신도들은 이 세상의 보이지 않는 통치자가 사탄이라고 믿어요. 따라서 병역이나 투표는 사탄의 정부를 위해 일하는 꼴이 되는 거예요. 이들이 일반적으로 선출직 공무원으로 일하지 않는 이유이기도 해요. 한 종교단체 신도들의 집단적 행위의 내면에는 반드시 '교리'가 자리 잡고 있어요.

종교단체에서 교리는 신도들의 신념이고, 경우에 따라 목숨과도 맞바꿀 수 있는 강력한 원동력이에요. 여호와의 증인 신도들의 입영 거부 문제는 종교적 이해를 통해 풀어야 해요. 그러므로 이들의 국가관은 이 문제에 접근할 때 간과해서는 안 되는 중요한 포인트가 되어요.

여호와의 증인 탈퇴자는 "(여호와의 증인) 신도가 병역을 이행하면 제명·출교를 당한다. 신도들은 종교적인 훈련을 잘 받았기 때문에 양심적 자발성이 있기도 하나, 공동체로부터 추방당한다는 두려움 때문에 어쩔 수 없이 입영 거부를 한다"라고 전한 바 있어요. 여호와의 증인의 입영 거부는 양심적이 아닌 '종교적'이라는 이름이 더 어울려요.

5. 전능하신 하나님교회

전능신교는 전능하신 하나님의교회, 동방번개 등 다양한 이름으로 불리고 있어요. 전능신교는 창교자 조유산이 재림 여 그리스도 양향빈을 앞세워 그 세를 불리고 있어요.

이 중 하나의 이름인 동방번개는 "번개가 동편에서 나서 서편까지 번쩍임 같이 인자의 임함도 그러하리라"(마태복음 24:27)라는 말씀을 예수님이 동방 즉 중국에 번개처럼 재림하신다고 곡해해 붙였어요.

이들은 예수 그리스도의 구속 사역은 불완전하기 때문에 여 그리스도가 중국에 재림했으며, 동방번개에 속해야만 구원을 얻는다고 주장해요. 중국에서는 교세가 200만 명 이상일 것으로 추정돼요.

한국으로의 유입

전능신교는 2012년 말 경부터 한국에 본격적으로 유입되기 시작한 것으로 보여요. 전능신교는 중국 정부를 홍룡(붉은 용)이라고 부르며 체제 저항적인 모습을 보여왔어요. 전능신교회는 2012년 종말을 주장했는데, 중국은 이를 빌미로 대대적으로 동방번개를 소탕하기 시작했어요.

중국의 특성상 사이비 종교 간부급은 체포되면 사형으로 이어지는 경우가 많기 때문에, 신도들은 중국을 빠져나가기 급급했어요. 특히 종교의 자유가 보장되는 한국으로 들어오기 시작했어요.

전능신교는 중앙일간지와 지역 신문 등 각종 언론에 자신들을 대대적으로 광고하며 모습을 드러내기 시작했어요. 2012년 말 경부터 2013년까지 600회 이상 언론에 광고를 게재했고, 광고비는 수십억 원에 달할 것으로 추측돼요.

전능신교는 서울 구로에 자리를 잡고 활동하던 중, 강원도 횡성의 한 유스호스텔을 매입해 집단생활을 했고 최근에는 충남 보은군에 거점을 마련했어요.

강원도 횡성의 한 주민은 "전능신교 신도들이 지역 사회에 각종 봉사와 재정 지원으로 자신들의 영향력을 확대하고 있다"라고 우려하기도 했지요. 전능신교의 포교는 이미 대구, 전라도 광주 등 전국의 대도시에서 이루어지고 있어요.

전능신교의 활동은 온라인에서도 활발해요. 특히 유튜브에서 '전능하신하나님교회'라는 채널을 개설해 한국어 콘텐츠를 생산하고 있어요. '기독교'라고 검색해도 이들의 콘텐츠가 상위권에 노출되는 것이 지금의 현실이에요.

충격적 피해 사례

전능신교로 인한 피해 사례는 가히 충격적이에요. 특히 자신들을 비판하거나 포교를 거부할 경우 폭력적으로 돌변해 테러를 서슴없이 감행하죠. 탈퇴를 시도하는 신도의 사지를 절단하거나 신도의 초등학생 자녀를 살해하는 끔찍한 범죄를 저질러왔어요.

중국의 한 목회자는 동방번개의 해악성을 설교했다가 둔기로 뒤통수를 가격 당해 한동안 식물인간으로 지내야 했어요.

전능신교의 국내 활동 이대로 괜찮은가?

비교적 최근에 벌어진 소위 '맥도널드 살인사건'은 사이비 종교에 빠진 사람들의 사고방식을 이해하는 단서를 제공해요. 또한 왜 정부가 나서서 전능신교의 문제를 해결해야 하는지를 잘 보여줘요.

2014년 5월 28일, 중국의 한 맥도널드 매장에서는 포교를 거부하는 여성을 전능신교 일가족이 집단 구타해 사망케 한 사건이 벌어졌어요. 포교 거부가 이들 가족이 피해자를 구타한 표면적 이유였어요. 그런데 폭행 이유를 조금 더 깊숙이 살펴볼 필요가 있어요. 폭행 당시 이들 가족은 피해자를 향해 '너는 악마야', '마귀다'라고 소리쳤다고 해요. 즉 이들은 '인간' 보다는 여성을 사로잡고 있는 마귀를 잡겠다고 달려들었던 셈이에요.

사이비 단체가 존립할 수 있는 여러 가지 요인 중 하나가, 신도들이 극단적인 이분법적 사고방식을 가지도록 세뇌해요. 이들은 선과 악을 뚜렷하게 인식해요. 당연히 선은 자신들이겠죠. 문제는 악이에요.

악은 선한 자신들을 대적하는 그 모든 것이라도 단정 짓고 믿어요. 자신들로부터 구원과 영생을 찬탈하려는 악을 싸잡아 성경을 빌어 '마귀(혹은 사단)'라고 표현해요.

그리고 이것은 가족에게도 예외 없이 적용돼요. 가족은 마귀에게 조종을 받고 있다'는 사고방식은 이혼, 가출로 이어져요. 더 나아가 축사를 빙자한 폭행으로 목숨을 잃는 사례까지 발생시켜요. 전능신교의 활동은 제2의 맥도널드 살인사건을 발생시킬 수 있는 잠재적 위험요소예요.